KB078372

수상 (手相)

손금으로 살펴보는 인생론

차례

Contents

수상을 보는 방법

손으로 무엇을 볼까?

수상이라고 하면 기본적으로 손바닥에 나타나 있는 무늬를 연상한다. 하지만 관상이 이목구비만 보는 것이 아니라 얼굴 전체의 윤곽과 기색까지 살피듯 수상 역시 손과 관련된 모든 것을 재료로 삼는다.

손의 생김새, 손가락의 생김새, 손가락의 길이, 손가락 마디와 살집의 관계, 손톱의 모양과 색깔, 손의 도톰하고 오목한 요철, 색깔 등이 모두 판단 재료로 이용되는 것이다. 여기에 지문까지 더해지면 수상의 영역도 매우 광범위하다는 사실을 알 수 있다.

또, 행동심리학에서는 손을 내밀 때의 모습과 주먹을 쥐었을 때의 모습, 어떤 상황에서 손을 어떤 식으로 움직이며 어디에 두는가 등을 재료로 삼아 심리를 판단하기도 한다.

손은 공격과 방어의 주축을 담당하기 때문에 손이 어떤 상황에 어떻게 움직이는가 하는 것에는 매우 중요한 의미가 있다.

이런 내용들을 좀 더 심화시켜 살펴보는 것이 이른바 '손금'을 기준으로 판단하는 방법이다.

오른손? 왼손?

수상을 볼 때 가장 궁금해지는 것이 어느 쪽 손을 보는가 하는 문제다. 여기에는 몇 가지 설이 있다.

1. 남성은 왼손, 여성은 오른손을 본다는 설. 이것은 관상에서 왼쪽을 남성으로 보고 오른쪽을 여성으로 본다는 데에서 유래된 설이다.
2. 깍지를 끼었을 때, 어느 쪽 손이 위로 오는가를 보아 그 손을 본다는 설(또는 그 반대).
3. 남성은 왼손으로 선천적인 운을 보고 오른손으로 후천

적인 운을 보며, 여성은 오른손으로 선천적인 운을 보고
왼손으로 후천적인 운을 본다는 설.

이것은 자주 사용하는 손의 손금이 변할 가능성이 높기 때문에 남성인 경우 오른손잡이라면 왼손으로 선천적인 운을 보는 것이며, 여성은 1번과 마찬가지로 오른손을 기준으로 삼은 것이다.

여기에서 가장 바람직한 방법은 3번이다. 단, 오른손잡이면 왼손이 선천운이 되고, 왼손잡이이면 오른손이 선천운이 된다. 여성은 반대다. 이유는 자주 사용하지 않은 쪽 손이 선천적으로 타고난 손금을 유지하고 있을 가능성이 높기 때문이다.

손금은 변한다. 예를 들어 오른손잡이인 경우, 육체노동을 많이 하는 일을 하다 보면 오른손의 손금이 거의 사라진다. 설사 심한 노동을 하지 않는다고 해도 운동이나 다른 활동에 의해 손금은 변한다. 따라서 3번의 방법으로 보는 것이 옳다.

일반적으로, 감정이나 육감, 직감, 감각 등과 관련된 능력은 왼손에 나타나고 이성이나 논리, 언어기능, 계산 등과 관련이 있는 능력은 오른손에 나타난다고 한다. 따라서 선천적으로 타고난 감각적 능력은 왼손을 기준으로 보고 후천적으로 단련되는 이성적 능력은 오른손을 기준으로 보면 된다.

이 부분에는 두뇌과학도 관련이 있다. 두뇌는 우뇌가 감정을 담당하고, 좌뇌가 이성을 담당한다. 그런데 신체로 내려오면 교차되어 우뇌의 활동이 왼쪽에 나타나고, 좌뇌의 활동이 오른쪽에 나타난다.

따라서 종합적으로 판단할 때, 또 그 동안의 경험을 토대로 생각할 때 3번의 방법이 가장 바람직하다고 보기 때문에 백산역명학에서는 이 방법을 채용하고 있다.

한편, 손은 클수록 마음이 따뜻하고 가정적인 사람이 많으며, 작을수록 적극적이고 리더십이 강한 사람인 경우가 많다. 손바닥은 두꺼울수록 감정이 풍부하고 표현력이 좋은 타입이며 얇을수록 감정 표현이 서투르고 소심하다.

손의 생김새와 수상

기본적으로 손가락이 긴 사람은 관찰력이 뛰어나고 성격이 섬세해서 신경질적인 면이 있으며 손가락이 짧은 사람은 적극적인 성격이면서 고집이 센 편이다.

여기에서는 손의 생김새를 기준으로 성격을 판단하는 방법을 간단히 소개하기로 한다.

사각형 모양의 손

엄지손가락 뿌리 부분과 새끼손가락 아랫부분이 각이 져서 전체적으로 사각형 모양으로 보이며, 손가락 끝 부분도 각이 진 것처럼 보이는 손을 가진 사람은 인정이 많고 의리가 있으며 인간관계를 매우 중시하는 타입이다. 또, 감정이나 공상보다는 현실적인 면을 좋아하며 한번 뜻을 세우면 끝까지 관철시키는 끈기와 인내가 있다.

둥근 모양의 손

손가락 끝 부분으로 갈수록 가늘어지면서 둥근 형태를 이루고 있으며 손바닥이 넓어 전체적으로 둥근 모양으로 보이는 손을 가진 사람은 감정이 풍부하고 예술, 예능에 재주가 뛰어나며, 사람들에게 인기가 있어서 인간관계가 원만한 타입이다. 예술 방면으로 성공을 거두는 사람이 많다.

대나무 마디 모양의 손

손이 크고 손바닥이 넓으며 손등에 혈관이 부풀어 있고, 손
가락은 마디가 굵어서 가지런히 붙이면 손가락과 손가락 사
이에 구멍이 보이는 사람은 의지가 강하고 호기심이 많으며
사색을 즐기는 타입에 해당한다. 따라서 철학가, 교육가, 연구
가 등에서 많이 볼 수 있는 손이다.

주걱 모양의 손

손가락은 짧은 편이면서 손가락 끝 부분이 마치 주걱처럼 사각형으로 생긴 손을 가진 사람은 독창성이 뛰어나고 창조적이며 독립심이 강하다. 따라서 벤처기업 사장이나 발명가, 예술가 등에서 많이 볼 수 있는데, 특히 여성인 경우에는 음식 솜씨가 매우 뛰어나다.

원시형의 손

손과 손가락이 모두 크고 굵으며 전체적으로 튼실해 보이는 손을 가진 사람은 본능에 충실하고 성실하며 끈기가 강하다. 따라서 한번 마음을 먹으면 어떻게든 끝장을 보는 타입으로 한 분야에서 성공을 거두는 경우가 많다. 리더보다는 주어진 임무를 충실히 수행하는 타입이기 때문에 공무원 등에서 많이 볼 수 있다.

혼합형의 손

특별히 어느 한 가지 타입에 해당하지 않고 여러 가지 타입이 섞여 있는 듯한 손을 가진 사람은 재능이 다양하고 처세가 능하며 임기응변이 뛰어나다. 따라서 인간관계 역시 선을 긋지 않기 때문에 주변에 사람이 많고 어디에서든 인기를 얻는다. 단, 한 가지 일에 집착하지 않고 다양한 방면에 관심을 보이기 때문에 큰 성공을 거두기는 어렵다.

손바닥의 언덕

　손바닥을 보면 살이 도톰하게 부풀어 오른 부분과 오목하게 들어간 부분이 있다. 손가락 뿌리 부분은 대체적으로 도톰하게 부풀어 올라 있고 손바닥 가운데는 오목하게 들어가 있다.

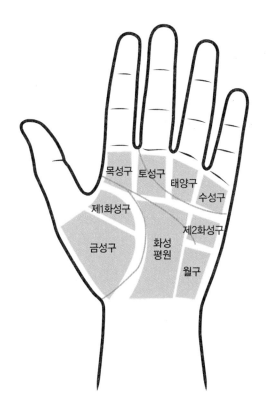

여기에서 부풀어 오른 부분들을 구(丘: 언덕)라고 부르며 태양, 달을 포함한 목성, 화성, 토성, 금성, 수성을 더하여 9개의 언덕이 있다. 이 언덕들은 재물, 생명력, 지적 능력, 예술성, 사교성 등 다양한 특징을 나타내며 당연히 손금을 비롯한 무늬가 새겨져 있다. 그 부분에 대해서는 각론에서 해설하기로 하고, 여기에서는 각 언덕들의 의미를 알아보기로 하자.

목성구(木星丘)

목성구는 집게손가락 아래에 부풀어 오른 부분을 가리키며 명예, 야망, 노력 등이 나타난다. 이곳의 살집이 도톰하고 잘 발달되어 있는 사람은 리더십이 강하다. 또, 목성구에 세로로 뚜렷한 주름이 패어 있는 사람은 노력형이고 야심가이며, 모든 일을 긍정적으로 생각하는 적극적인 사고방식을 갖추고 있다. 반대로 살집이 빈약한 사람은 노력이 부족하고 소심한 성격이며 끈기가 부족하다.

제1화성구(第一火星丘)

집게손가락 아래 생명선이 출발하는 지점부터 엄지손가락까지를 제1화성구라고 부르는데, 의지력, 적극성, 용기, 행동력을 상징한다. 이곳의 살집이 풍부하고 잘 발달되어 있는 사람은 모든 일에 적극적이며, 말보다 행동으로 실천하는 경향이 강하다. 하지만 살집이 너무 많은 경우에는 적극성이 지나쳐 공격, 투쟁 등의 심리가 강해 폭력적인 사람으로 변하기 쉽다.

제2화성구(第二火星丘)

새끼손가락 아래의 감정선이 시작되는 지점 바로 아랫부분을 제2화성구라고 부르며 강한 정신력, 정의감, 살신성인 정신 등을 상징한다. 이곳의 살집이 풍부하고 잘 발달되어 있는 사람은 불의를 보면 참지 못할 정도로 정의감이 투철하고 동정심이 많다. 단, 살집이 너무 많은 경우에는 그런 장점이 반항심 등의 단점으로 작용하여 독단적인 사람으로 변하기 쉽다.

화성평원(火星平原)

손바닥 한가운데의 오목한 부분을 화성평원이라고 부르며 정신적, 감성적, 정서적인 부분들을 상징하기 때문에 심리가 잘 드러나는 부분이다. 또, 반발력과 생활력도 나타내는데, 이곳을 '구'라고 부르지 않는 이유는 언덕처럼 부풀어 오르지 않고 오목하게 패어 있기 때문이다. 이곳은 주변의 살집과 비교할 때 오목한 깊이가 깊고 탄력이 있어야 좋다고 보며 그런 사람은 생활력이 매우 강하다. 한편, 주변의 살집과 비교할 때

깊이가 거의 없고 평평해 보이는 경우에는 남에게 지기 싫어하고 반발심이 강하여 언쟁을 자주 벌이는 사람이다.

토성구(土星丘)

토성구는 가운뎃손가락 아래의 도톰한 살집을 가리키며 참을성, 외로움, 집중력, 사고력, 지구력 등을 상징한다. 이곳이 잘 발달된 사람은 학구열이 높고 연구심, 분석력이 매우 뛰어나며 철학적 사색을 좋아한다. 이곳에 세로무늬가 있는 사람은 특히 인내심과 연구심이 뛰어난 노력가 타입으로 전문적인 분야에서 크게 성공을 거둘 수 있다. 단, 지나치게 발달된 경우에는 고독을 좋아하고 고집이 세며 자기만의 세계에 틀어박혀 있기를 좋아하여 이른바 '은둔형 외톨이'가 되기 쉽다. 반대로 이곳에 살집이 거의 없어 평평해 보이는 사람은 소심한 성격에 종교에 집착하기 쉬우며 무슨 일이건 부정적으로 생각하는 경향이 강하다.

태양구(太陽丘)

태양구는 약손가락 아래의 도톰한 부분으로 인기, 명예, 성공, 사교성, 예술 감각 등을 상징한다. 이곳이 잘 발달되어 있는 사람은 사교성이 뛰어나고 미적인 감각이 있으며 표현력이 풍부하여 인간관계를 통해서 성공을 거둘 가능성이 매우 높다. 이곳에 세로무늬가 있는 사람은 강한 운을 타고나서 사업가나 예술가로 이름을 날릴 가능성이 높다.

반대로 이곳의 살집이 거의 없어서 빈약해 보이는 사람은 오만하고 사치와 낭비를 좋아하며 다른 사람을 배려할 줄 모르는 소인배라고 판단한다.

수성구(水星丘)

수성구는 새끼손가락 아래의 도톰한 부분으로 지적 능력, 비즈니스 능력, 사업 능력을 상징한다. 이곳이 잘 발달되어 있는 사람은 재물을 모으는 능력이 뛰어나고 장사 수완이 좋다. 특히 이곳에 세로무늬가 깊이 패어 있는 사람은 금전적으로 풍요로운 인생을 보낼 수 있으며, 지적 능력이 뛰어나 박학다식하고 다양한 재능을 갖추고 있다. 반대로 이곳에 살집이 거의 없어 빈약해 보이는 사람은 지적 능력이 부족하고 언변이 어눌해서 대화가 통하지 않는 사람으로 오해받기 쉽고 금전에 매우 인색하다.

금성구(金星丘)

금성구는 엄지손가락 뿌리 부분의 두툼한 살집을 가리키며 건강, 연애, 애정, 자손 등과 관련이 있다. 이곳이 잘 발달되어 있는 사람은 정신력과 체력이 모두 뛰어나고 애정운도 좋다.

반대로 살집이 거의 없어 빈약해 보이는 사람은 체력이 약할 뿐 아니라 애정운도 나쁘고 금전적으로 궁핍한 생활을 하게 된다. 잔병치레를 자주 하는 사람은 대부분 금성구가 빈약하다.

월구(月丘)

월구는 태양구와 대비하여 태음구(太陰丘)라고도 부르며 인기, 직감력, 예술성 등을 상징한다. 이곳이 잘 발달되어 있는 사람은 미적인 감각이 뛰어나고 예술적인 감각이 좋으며, 묘한 매력이 있어서 사람들에게 인기가 좋다. 이른바 인기 연예인도 대부분 이곳이 잘 발달되어 있다. 그러나 지나치게 발달한 경우에는 현실을 파악하지 못하는 공상가로 전락하기 쉽다. 반대로 지나치게 빈약한 경우에는 너무 현실적이어서 감성이 뒤떨어진다는 단점이 있다.

기본선의 이해

수상을 보기 위해서는 일단 기본적인 선들을 이해해야 한다. 손금을 이루는 기본적인 선은 생명선, 두뇌선, 감정선, 그리고 운명선이다. 하지만 출세나 명예 등과 깊은 관련이 있는 태양선이 수상학에서 매우 중요한 의미를 가지고 있기 때문에 함께 표현했고 일반인들이 결혼선에 특히 흥미가 많아 그림에는 6개의 선을 표시했다.

일단, 어떤 사람이건 손에 생명선, 두뇌선, 감정선은 나타난다. 운명선은 그 깊이와 길이가 확연하게 차이가 나거나 간혹 없는 것처럼 보이는 사람도 있고, 태양선과 결혼선도 마찬가지로 복잡하게 나타나기 때문에 정확하게 파악하기 어려울 수도 있다.

손금에서 가장 기본이 되는 선들인 만큼 기본적인 내용을 이해해두도록 하자.

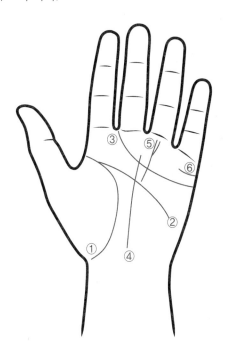

① 생명선

생명선은 엄지손가락과 집게손가락 사이에서 손목을 향하여 커브를 그리며 깊이 패어 있는 선으로 손금에서 가장 중요한 선이다. 기본적으로 생명력의 강약을 나타내기 때문에 건강과 가장 관련이 깊은데, 굵고 깊을수록 신체가 건강하고 수명이 길다고 판단한다.

② 두뇌선

두뇌선은 지능선(知能線)이라고도 부르는데, 엄지손가락과 집게손가락 사이에서 손바닥 한 가운데를 향하여 가로로 비스듬히 뻗어 있는 선으로 천성적인 재능이나 성격을 나타낸다. 역시 굵고 길수록 두뇌 회전이 빠르고 지적이며, 판단력, 분석력 등이 뛰어나다고 판단한다.

③ 감정선

감정선은 새끼손가락 아래에서 집게손가락을 향하여 뻗어 있는 선을 가리키며, 이름 그대로 감정과 관련된 문제, 즉 연애나 인간관계, 심리 등을 나타낸다. 굵고 뚜렷할수록 감정이 일관적이라고 판단한다. 그런데 지나치게 구부러져 있거나 끊겨 있거나 사슬처럼 고리를 이루고 있을 경우에는 감정변화가 심하고 냉정함이 부족하다고 판단한다.

④ 운명선

운명선은 손목에서 손바닥 가운데를 향하여 뻗어 있는 선을 가리키며 운세를 판단하는 중요한 재료로 활용한다. 운명선은 모든 사람에게 있는 것이 아니기 때문에 간혹 전혀 없는 사람도 볼 수 있다. 또, 출발하는 위치가 약간씩 차이가 있어서 정확하게 잡아내기가 쉽지 않은 선이기도 하다. 기본적으로 직업, 적성, 운세 등을 상징하며 운명선이 뚜렷하고 깊을수록 운세가 강하다고 판단한다.

⑤ 태양선

태양선은 약손가락 뿌리 부분에 수직으로 뻗어 있는 선을 가리키며 이것 역시 모든 사람에게 나타나는 것이 아니다. 전혀 없는 사람에서부터 여러 개가 있는 사람까지, 다양하게 볼 수 있으며 성공, 명예, 금전운 등을 상징한다. 깊고 뚜렷하게 패인 태양선이 있는 사람은 인기, 재산, 명예 등을 움켜쥘 수 있는 행운아라고 말할 수 있다. 한편, 태양선은 변하기 쉬운 선으로 현재의 환경에 따라 나타나기도 한다.

⑥ 결혼선

결혼선은 새끼손가락 뿌리 부분과 감정선이 시작하는 부분 사이에 가로로 뻗어 있는 짧은 선으로 결혼운과 관련된 사항들을 살펴보는 재료다. 즉, 결혼하게 될 시기, 결혼에 대한 관심, 이혼 등을 알아볼 수 있는 재료로 뚜렷한 선 한 개가 약간 위쪽을 향하여 뻗어 있는 것이 이상적이다. 이런 결혼선을 가진 사람은 이상적인 배우자를 만나 행복한 결혼을 이룰 수 있다. 반대로 결혼선이 두 개 이상이거나 뚜렷하지 않고 희미하거나 끊기거나 꼬여 있으면 결혼운이 나쁘다고 본다. 이 역시 현재 환경에 따라 변화가 심한 선이다.

생명선

생명선의 의미

생명선은 엄지손가락과 집게손가락 사이에서 손목을 향하여 커브를 그리며 깊이 패어 있는 선으로 손금에서 가장 중요한 선이다. 특히 바로 아래에 굵은 혈관이 지나고 있기 때문에 의학적으로도 매우 중요한 부분에 해당한다. 생명선은 기본적으로 생명력의 강약을 나타내며 굵고 깊을수록 신체가 건강하고 수명이 길다고 판단한다.

하지만 도중에 끊겨 있거나 사각형의 무늬가 있거나 지선(支線:본선에서 뻗어 나온 선)이 아래로 처져 있으면 그 나이에

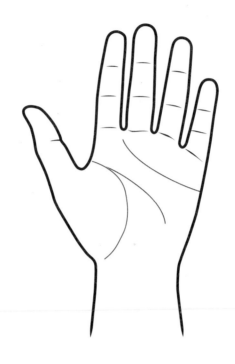

　해당하는 시기에 질병이나 사고 등의 문제가 발생한다고
판단한다.

　생명선으로 살펴볼 수 있는 내용들을 정리하면 다음과
같다.

체력을 판단한다

　생명선의 깊이와 뚜렷함, 굵기, 직선과 곡선, 흐트러짐 등을 통하여 체력을 알 수 있다. 마치 칼로 그어 놓은 것처럼 뚜렷하고 굵은 선이 손목 쪽으로 짙게 패어 있고 끊김 등이 없다면 체력이 매우 좋은 사람이다.

질병, 수명, 건강을 판단한다

현재의 컨디션이나 과거에 발생한, 또는 미래에 발생하게 될 질병이나 사고, 수명 등을 살펴볼 수 있다. 질병이나 사고 등을 미리 알 수 있으면 대비도 할 수 있다.

운이 열리는 시기를 판단한다

생명선에서 지선이 어떤 식으로 뻗어나왔는가를 살펴보면 운이 열리는 시기와 쇠약해지는 시기를 알 수 있다. 생명선에서 가운뎃손가락 방향으로 쭉 뻗어 올라간 선이 뚜렷하게 드러나 있는 경우에는 그 시기에 운이 열린다고 판단하는 식이다.

연애, 결혼, 인생에서의 고민, 장애 등을 판단한다

역시 생명선에서 지선이 어떤 모양으로 뻗어 나왔는가를 살펴 연애하게 될 시기와 결혼하게 될 시기, 인생에서의 고민, 인생에서의 장애 등을 판단할 수 있다.

생명선의 유년법

유년법(流年法)은 생명선에 나이를 매겨 각각의 위치가 몇 살에 해당하는지를 구분하는 방법으로 일반적으로 생명선이 출발하는 지점에서부터 손목까지를 기본으로 삼으며 예전에는 80~90세 정도까지를 정했지만 요즘에는 백세 시대인 만큼 100세로 구분하는 것이 옳다고 본다.

생명선을 나누는 방법

일단, 집게손가락의 폭을 A로 잡고 생명선이 시작하는 부분에서부터 A만큼씩 나누어 간다. 90세까지는 폭이 모두 같으며 50세까지는 10년씩 동일하게 구분하고 50~90세까지는 20년씩 구분, 90세 이후에는 남은 부분을 계산한다.

또, 폭 하나는 폭의 나이만큼을 기준으로 나눈다. 즉, 20~30세까지에 해당한다면 그 폭을 10으로 나누어 1년씩 계산하는 방식이다.

수상학에서 생명선은 몸과 마음의 건강 상태, 질병, 운이 들어오는 시기 등을 살펴보는 재료이기 때문에 유년법을 이해해야 어느 시기에 어떤 상황이 발생하는지 보다 정확하게 판단할 수 있다. 여기에서 오해하지 말아야 할 것은, 생명선이 짧다고 해서 그 시기에 사망하는 것은 아니라는 점이다. 생명선은 그 길이 자체가 수명을 뜻하는 것이 아니라 건강 상태와 운세의 흐름을 예측하는 것이다. 즉, 깊이 패어 있고 뚜렷할수록 운세의 흐름이 좋고 건강하다는 것이지 생명선이 짧다고 해서 생명이 끝나는 것은 아니라는 점이다.

한편, 유년법은 연구가에 따라 각각 다르다는 점도 밝혀둔다. 손목까지의 종점을 80세로 보는 경우도 있고 90세로 보는 경우도 있다. 백산역명학에서는 현재의 수명을 감안하여 100세를 기준으로 삼고 있다.

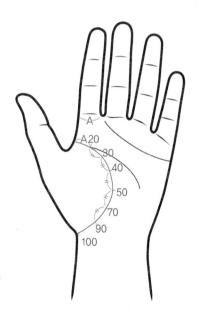

나는 쉽게 죽지 않아

이중생명선은 기본적인 생명선이 있고 그 안쪽에 또 하나의 생명선이 달리고 있는 것을 가리키며 강한 생명력을 상징한다.

기본적인 생명선이 있고 그 안쪽인 금성구 쪽으로 약 5밀리미터 정도 떨어진 지점에 또 하나의 생명선이 달리고 있을 경우(①)에는 체력이 매우 좋으며 건강하고 인내심도 강하여 매우 좋다고 본다. 5밀리미터 이내에 또 하나의 생명선이 달리는 경우(②)에는 이 선을 '애정선'이라고 부르기도 하는데 이성과의 인연이 매우 좋으며 결혼운도 좋은 편이다. 단, 지나치게 다정다감해서 스캔들을 일으키기 쉽기 때문에 이 점을 주의해야 한다.

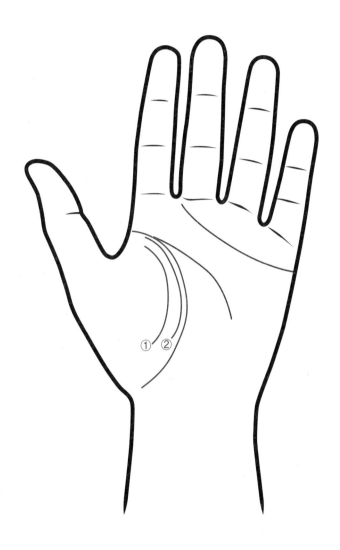

건강한 체력, 강한 생활력

생명선이 굵고 깊게 패어 있으면서 손바닥 쪽으로 많이 진출하여 금성구를 크게 감싸 안은 듯한 모습을 보이면서 엄지손가락 뿌리 쪽으로 부드럽게 커브를 그리고 있는 사람은 체력이 왕성한 정력가다. 또, 인기가 있어서 사람을 끌어들이는 매력이 있고 생활력도 강하다. 인기를 필요로 하는 직업이나 장사를 하면 성공할 가능성이 높으며, 여성인 경우에는 전업주부보다 화려한 생활이 어울린다.

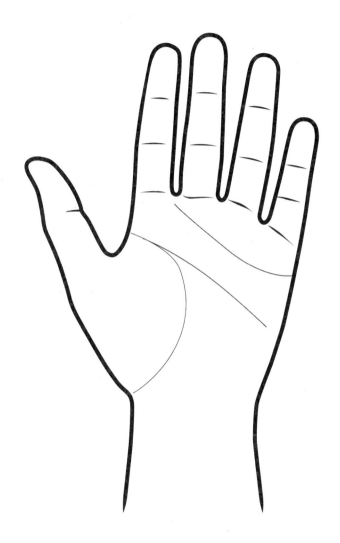

성실하지만 신경질적인 성격

    생명선이 시작되는 부분에 짧은 선이 연결되어 마치 삼각형 같은 모양을 보이는 사람은 성실하고 꼼꼼해서 서류정리나 회계, 계산 등의 능력이 뛰어나지만 성격이 소심하고 신경이 예민해서 사소한 문제에도 쓸데없는 걱정이 많다. 특히 자신과 관련이 있는 평가나 비판에는 지나치게 과잉반응을 보여 신경질적인 사람이라는 평가를 받는다. 모든 일을 자신이 처리해야 직성이 풀리는 타입이기 때문에 자영업이나 장사는 어울려도 사업가로는 어울리지 않는다.

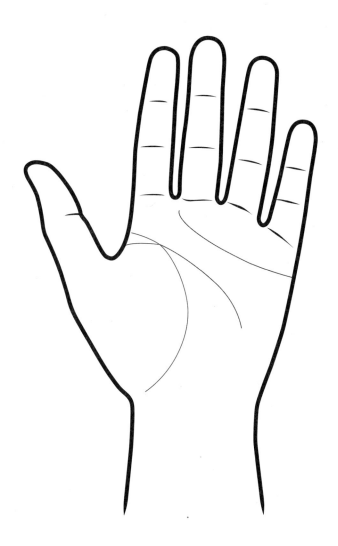

질병이나 사고의 위험이

생명선이 도중에 끊어져 있는 사람은 질병을 비롯한 신체적 이상이 발생할 가능성이 높으며, 그 중요도는 끊어진 부분의 크기에 비례한다. 즉, 끊어진 길이가 매우 짧은 경우에는 큰 문제가 되지 않지만, 1센티미터 정도로 매우 긴 경우에는 상당히 심각한 질병을 앓거나 심한 부상을 당할 가능성이 높다. 그 시기는 유년법을 참고로 계산하면 된다. 이런 선이 한쪽 손에만 나타나 있는 경우에는 다른 한쪽이 보완해 주지만 양쪽 손 모두 이런 선이 나타나 있다면 그 시기를 계산하여 미리 건강진단을 받아보는 등의 조치를 취하는 것이 좋다.

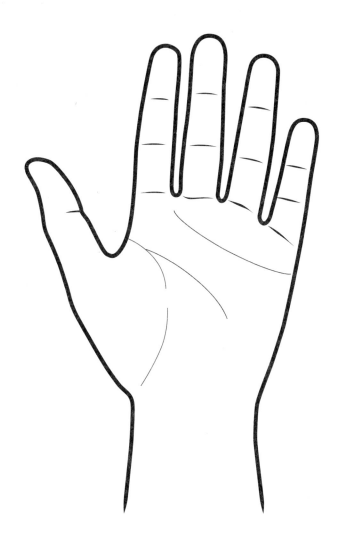

아픈 추억이 있어요

생명선 안쪽 금성구에 굵고 깊은 선이 한두 개 나타나 있거나(①) 금성구에서 뻗어 나온 가로선이 생명선을 가로지르고 있으면(②) 예전에 견딜 수 없을 정도로 심각한 아픔을 경험한 적이 있다는 의미다.

예를 들면, 암 정도의 심각한 질병에 걸렸던 아픔이 있다거나 사랑하는 사람을 잃는 식이다. ①의 경우에는 그 시기가 언제인지는 알 수 없지만 ②의 경우에는 가로선이 생명선을 가로지르고 있는 시기가 그 나이에 해당한다. ②처럼 생명선을 가로지르는 선을 '장애선'(障碍線)이라고 부르며 인생에 장애가 발생한다는 사실을 의미한다.

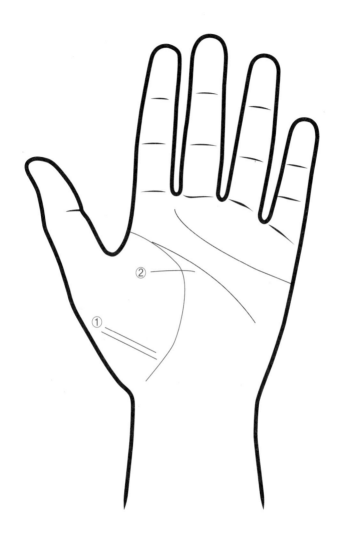

휴우, 죽을 뻔 했네

생명선이 중간에 끊어졌다가 새로운 선으로 이어져 있거나
(①), 생명선에 사각형 모양의 무늬가 있으면(②) 그 시기에 목
숨을 잃을 정도로 위험한 상황을 경험했다는 의미다. ①의 경
우에는 알아보기 쉽지만 ②의 경우에는 자세히 살펴보지 않
으면 알아보지 못하는 경우가 많다. 이런 선이 있는 사람은 그
시기에 심각한 문제가 발생한다는 의미다. 이미 지났다면 구
사일생으로 살아났다는 뜻이고 아직 지나지 않았다면 뜻밖의
사고나 질병에 대비해야 한다.

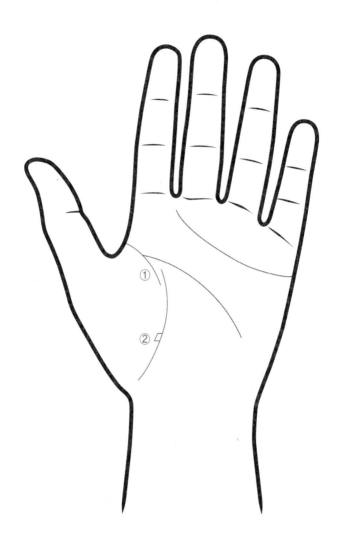

생명이 흔들릴 수 있는 위기

생명선이 짧게 끝나 있으면서 그 끝 부분에 十자 무늬가 가로막고 있을 경우에는 유년법으로 계산하여 그 시기에 매우 중대한 질병이나 사고를 당할 수 있다. 생명이 흔들릴 수 있을 정도의 사고나 질병이다.

요즘에는 갑작스러운 과로사가 발생하는 경우가 많은데, 그런 사고 역시 염두에 두어야 한다. 따라서 지병이 있는 사람은 그 시기에 건강에 특히 주의하고 운동을 통하여 체력을 길러 두는 것이 좋다.

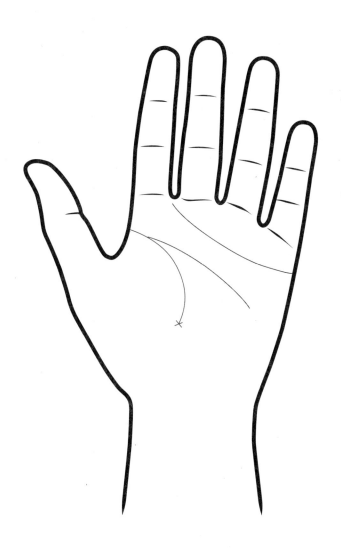

구사일생이 행복으로

생명선이 짧게 뻗어 있고 운명선이 힘차게 뻗어 있는데, 그 사이에 두 선을 연결하는 듯한 짧은 선이 있어서 마치 삼각형이나 사각형 모양으로 보인다. 이런 사람은 생명선이 끝나는 시점에 큰 질병이나 사고를 만나지만, 구사일생으로 생명을 건지게 되고 그때부터 운이 좋아진다는 의미를 나타낸다. 나머지 한 손의 생명선도 짧은 경우에는 특히 주의해야 한다.

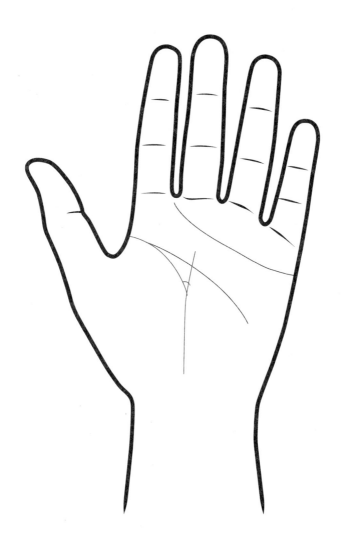

질병이나 부상을 암시하는 점

생명선 위에 점이나 사마귀 등이 있을 경우에는 해당하는 시기에 질병을 앓게 될 가능성이 있다는 뜻이다. 일반적으로, 점이 검은색인 경우에는 사고에 의한 부상을, 점이 붉은빛이 도는 경우에는 질병을 암시하며, 사마귀는 부상과 질병을 모두 암시한다. 따라서 해당하는 시기에는 주의해야 할 필요가 있다.

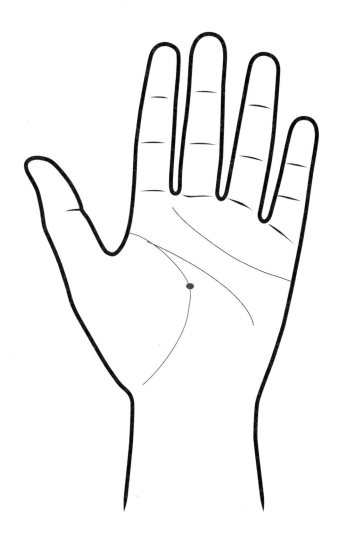

이 인기를 어떻게 해야

생명선에서 화성평원을 향하여 지선 두 개가 뻗어 나와 있는 경우에는 삼각관계를 경험하게 될 가능성이 매우 높다. 이런 사람은 이성이 없을 때에는 전혀 없다가 사랑을 시작하면 묘하게도 다른 이성이 나타나 사랑을 고백하기 때문에 이른바 즐거운(?) 고민에 빠지는 경우가 많다. 만약 지선 하나가 다른 하나에 비하여 유난히 길다면 그런 대로 잘 마무리가 되지만, 둘 다 비슷한 길이인 경우에는 매우 심각한 문제가 발생할 수 있다. 따라서 이성문제에서는 맺고 끊는 것을 정확하게 할 수 있어야 진정한 사랑을 쟁취할 수 있다.

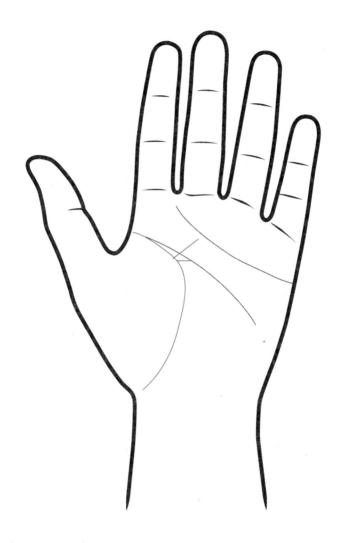

인기는 좋지만 얻는 게 없어서

생명선을 가로지르는 두 개의 지선이 화성평원을 향하여 뻗다가 만나고 그 끝 부분에 十자나 ✳무늬가 있을 경우에는 애정문제에서 삼각관계가 형성되어 두 사람 모두 놓치는 결과를 낳게 된다는 의미다. 十자나 ✳무늬는 장애를 나타내는데, 두 명의 이성을 모두 포기하게 된다는 뜻이기 때문이다. 따라서 이성을 사귈 때 삼각관계가 형성되면 둘 다 내 사람이 아니라고 생각하는 것이 좋다.

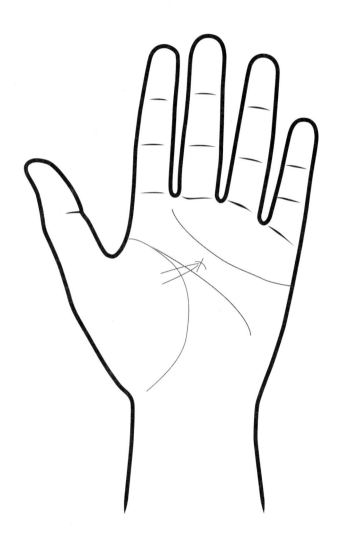

사는 게 힘들고 피곤해

생명선이 마치 사슬처럼 생긴 사람은 기본적으로 체력이 약하고 잔병치레를 많이 하는 허약한 체질이다. 또, 정신적으로도 신경이 매우 약해서 사소한 문제에도 고민을 하고 걱정이 많아 삶 자체가 피곤하고 힘들다. 따라서 가능하면 식생활이나 운동을 통해서 체력을 보강하고 정신수련 등을 통해서 강한 정신력을 길러두는 것이 좋다. 무엇보다 중요한 것은 삶을 긍정적으로 바라보는 눈이다.

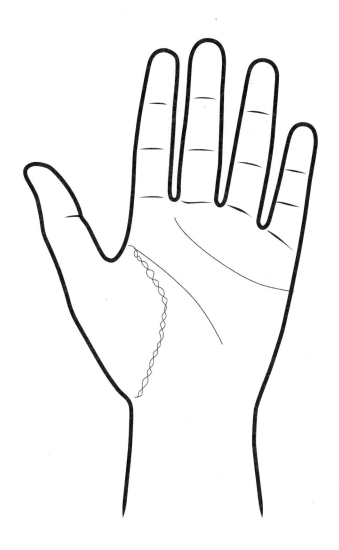

나도 모르는 사이에 질병이

생명선 안쪽에서 뻗어 나온 지선이 아래쪽인 금성구 쪽으로 향하다가 끝 부분이 약간 올라가 낚싯바늘 모양을 형성하고 있는 경우, 본인도 모르는 사이에 매우 중한 질병이 진행되고 있을 가능성이 높다. 따라서 이런 손금이 나타나면 즉시 종합검진을 받아 질병 유무를 확인하는 것이 좋다. 한편, 생명선에서 뻗어 나온 지선이 아래쪽을 향하고 있는 경우는 대부분 사고, 질병, 운세의 쇠약 등을 나타낸다.

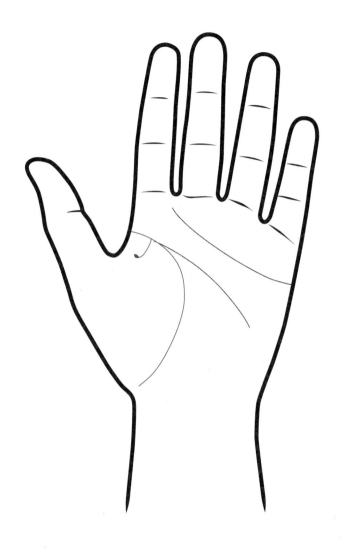

생명력과 의지력이 너무 약해서

　흔히 생명선이 짧으면 수명이 짧다고 하지만 요즘에는 의료가 잘 발달되어 있기 때문에 적용하기 어려운 설이다. 물론, 그림처럼 생명선이 짧게 형성되어 있는 경우에는 기본적인 생명력이 약하고 끈기가 부족한 것은 사실이다. 단, 이런 선을 가지고 있다고 해도 엄지손가락이 튼실하고 금성구가 두툼하면서 월구도 잘 발달되어 있는 경우에는 약한 생명력과 의지력을 보완해 줄 수 있다. 만약 양손 모두 이런 식으로 생명선이 짧다면 생명선이 끊어지는 시기에 주의해야 할 필요가 있다.

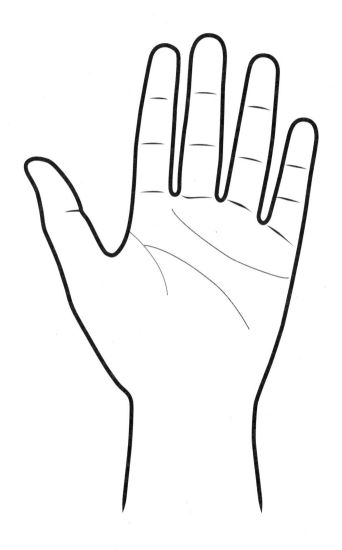

여성이 특히 조심해야

생명선 위에 있는 섬 무늬에서 지선이 뻗어 나와 있고 지선의 끝 부분이 十자 무늬나 *무늬로 끝나 있는 경우, 여성이라면 심각한 부인과 질병에 걸릴 가능성이 높다. 생명선의 섬 무늬가 아래쪽에 있을수록 그런 경향이 더 강하며, 남성인 경우에는 비뇨기나 신장계통의 질병에 걸릴 가능성이 높다. 특히 남녀 모두 두통, 어깨 결림, 컨디션 난조 등의 불쾌한 증상이 나타나기 쉽다. 예방하는 방법은 긍정적인 사고와 운동이다.

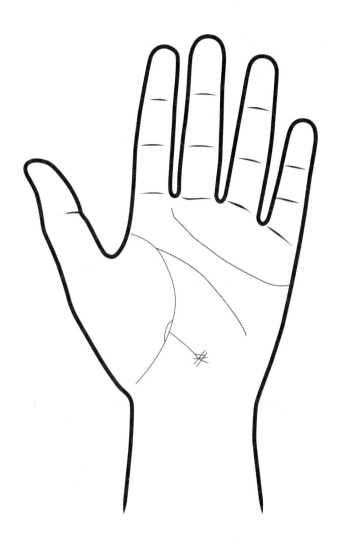

건강한 체력은 중년이 지나야

생명선의 출발 지점부터 중간까지는 사슬처럼 이어져 있고 중간 이후부터는 직선으로 뻗어 있을 경우에는 직선이 시작되는 시기까지 체력이 약한 상태였다가 그때부터 건강한 체력으로 바뀐다는 의미다. 이른바 젊어서는 골골대다가 나이를 먹을수록 체력이 좋아지는 것이다. 이런 경우는 대부분 호르몬 변화 때문에 발생한다. 단, 중년 이후에 체력이 좋아진다고 해서 지나치게 무리하는 것은 당연히 바람직하지 않다.

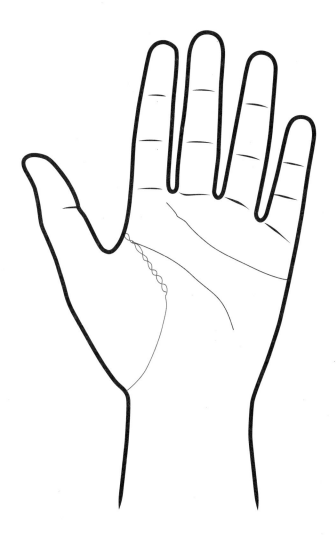

두뇌선

두뇌선의 의미

두뇌선은 지능선(知能線)이라고도 부르며 엄지손가락과 집게손가락 사이에서 손바닥 한 가운데를 향하여 가로로 비스듬히 뻗어 있는 선으로 천성적인 재능이나 성격을 나타낸다. 역시 굵고 길수록 두뇌회전이 빠르고 지적이며 판단력, 분석력 등이 뛰어나다. 또, 지선이 많거나 여러 개의 선으로 이루어져 있는 두뇌선을 갖춘 사람은 재능이 다양하여 여러 분야에서 활약할 수 있지만 직업이 자주 바뀌는 단점도 있다. 두뇌선이 중간에 끊어져 있거나 十자 무늬, *무늬, 섬, 점, 사마귀

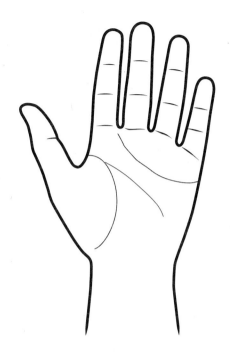

등이 있는 경우에는 장애가 발생한다고 하여 정신적인 문제 때문에 고통을 받을 수 있다고 판단한다.

두뇌선은 기본적으로 다음과 같은 세 가지 사항을 판단하는 데에 활용한다.

두뇌가 얼마나 좋은지를 판단한다

성적이 나쁘다고 반드시 머리가 나쁜 것은 아니다. 성적과는 관계없이 기본적으로 두뇌가 얼마나 잘 발달되어 있는지를 판단하는 것이다.

어떤 성격인지를 판단한다

두뇌는 머리가 좋고 나쁨과도 관계가 있지만 정신력과도 관계가 있기 때문에 정신력을 바탕으로 성격을 유추할 수 있다. 따라서 성격을 판단하는 재료로도 활용한다.

어떤 일이 어울리는지 적성을 알 수 있다

머리의 좋고 나쁨, 성격의 좋고 나쁨을 재료로 삼아 어떤 일이 어울리는지 적성을 판단하는 데에 활용한다. 예를 들어, 성격이 대범하고 활동적인 사람이 사무직에 앉아 있으면 성공하기 어렵다. 그 반대인 경우도 마찬가지다. 이런 적성을 알아내는 재료로도 활용할 수 있다.

두뇌선의 유년법

두뇌선의 유년법은 계산하기가 복잡하다. 우선, 두뇌선을 크게 세 가지 종류로 나누어 백산역명학의 계산 방법을 설명하기로 한다.

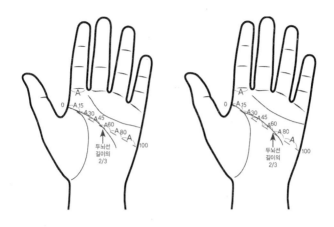

왼쪽 그림은 두뇌선이 생명선과 같은 부분에서 출발한다. 이 경우에는 생명선과 맞붙어서 시작되는 지점을 기점 0세로 잡는다. 오른쪽 그림은 두뇌선이 생명선에서 출발한다. 이 경우에는 생명선이 시작되는 지점을 기점 0세로 잡는다.

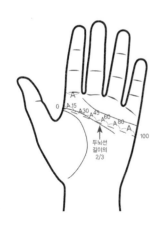

옆의 그림은 두뇌선이 생명선과 떨어져서 따로 출발하고 있다. 이 경우에는 두뇌선이 시작되는 지점을 기점 0세로 잡는다. 그런 다음, 세 경우 모두 두뇌선의 2/3지점에 점을 잡고 기점에서부터 2/3지점의 점을 기준으로 기점의 반대 부분까지 선을 긋는다. 그리고 집게손가락의 폭을 A로 보고 기점에서부터 그만큼의 폭까지를 15세로 잡는다. 이어서 폭 A만큼 계속 나누어 각각 0세, 15세, 30세, 45세, 60세까지를 15년 간격으로 잡고 다음 폭부터는 20년씩 잡아 80세, 100세까지를 정한다. 그리고 60세까지는 하나의 폭을 15년으로 계산하여 각 1/15씩 1년을 설정하고, 60세부터는 하나의 폭을 20년으로 계산하여 각 1/20씩 1년을 설정한다.

세 경우가 약간씩 다른 이유는 종점이 달라지기 때문이다. 따라서 종점이 멀어지면 폭 A로 나누었을 경우에 뒤쪽이 약간 남을 수도 있다. 따라서 80세까지를 동일하게 잡고 80세부터 100세까지는 길이에 관계없이 20년으로 본다.

두뇌선의 유년법은 일반인이 정확하게 판단하기는 어렵지만 이런 식으로 계산해 나가면 어느 지점이 몇 살에 해당하는지 대강은 이해할 수 있다.

두뇌선의 길이와 해설

두뇌선은 기본적으로 길이에 차이가 있는데, 이것도 성격이나 두뇌 활동을 이해하는 중요한 판단 재료다. 또한 적성과 직업 선택에서도 상당한 참고가 되는 내용이니까 이 부분을 먼저 이해하도록 하자.

그림을 보면, ①이 가장 짧고, ③이 가장 길다.

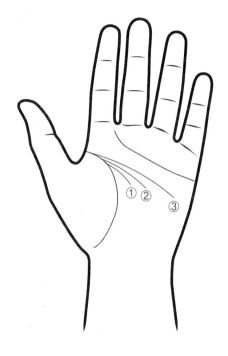

①처럼 두뇌선이 짧은 경우에는 아이디어가 풍부한 사람으로 한 가지 문제를 골똘히 파고드는 것보다는 순간적으로 떠오르는 창조력이 뛰어나며 직감이 풍부하다. 또, 기억력이 매우 좋은 편이다. 즉, 두뇌선은 짧을수록 깊은 사고보다는 순간적인 직감이 더 우수한 것이다.

②는 표준에 해당하는 길이인데 이 경우에는 두뇌 활동의 모든 능력이 기본적으로 보통 수준이라고 생각하면 된다. 즉, 일반적인 타입이다.

③처럼 두뇌선이 긴 경우에는 사고력이 매우 뛰어나 연구직 등에 어울리며 정보를 분석하는 능력이나 기획능력이 탁월한 사람이다. 즉, 두뇌선은 길수록 깊이 있는 연구 활동이나 한 가지 문제를 끝까지 파고드는 능력이 뛰어나다고 볼 수 있다. 따라서 순간적으로 아이디어가 필요한 일이나 임기응변 능력은 짧을수록 좋다고 판단한다.

두뇌선 기점의 위치

두뇌선의 기점 역시 높이와 마찬가지로 크게 세 가지로 구분할 수 있다.

오른쪽 그림에서 ①처럼 생명선과 떨어져서 따로 출발하는 경우에는 활발한 성격으로 행동력이 있고 대담하며 긍정적, 적극적이다. 따라서 모든 일에 자신감이 있고 배짱도 있으며 설사 실패를 한다고 해도 어떻게든 다시 일어나는 의지력도 갖추어져 있다. 두뇌선이 생명선과 따로 움직인다는 것은 체력 조건과 관계없이 독단적으로 기능한다는 의미기 때문에 매우 독립적이며 활동적인 성향을 보이는 것이다. 이런 사람

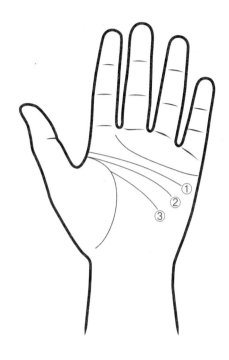

은 리더십도 강해서 주변에 늘 사람들을 몰고 다닌다.

②는 생명선과 같은 위치에서 두뇌선이 출발하고 있다.

이런 수상이 가장 많으며 일반적인 사람으로 두뇌선의 기점만으로 본다면 균형이 잘 잡혀 있고 객관적인 사람이다.

③처럼 두뇌선이 생명선에서 출발한 경우에는 기본적으로 내성적인 성격이며 사소한 문제에도 걱정이 많고 매사에 생각이 깊다. 하지만 매우 성실하고 빈틈없는 타입이기 때문에

함부로 모험을 하는 것보다는 충분히 생각하고 난 뒤에 행동하는 심사숙고형이다. 즉, ①과는 반대라고 생각하면 된다.

두뇌선 종점의 위치

이번에는 두뇌선의 종점이 얼마나 높고 낮은가에 관한 내용이다. 그림을 보면 ①이 가장 높고, ③이 가장 낮다. 두뇌선 종점의 높이는 특히 성격이나 적성과 깊은 관련이 있다.

①처럼 종점이 높은 경우에는 현실적이고 타산적인 경향이 강하기 때문에 금전과 관련된 직업, 예를 들면 경리, 세무, 회계, 대부 등의 업무에서 능력을 발휘할 수 있다. 또, 두뇌선의 종점이 높을수록 유행에 민감하고 현대적이기 때문에 예능, 디자인, 상업미술 등도 적성에 잘 맞는다. 간단히 말하면 두뇌선의 종점이 높을수록 현실적인 사람이라고 보면 된다.

②는 일반적인 높이로, 현실과 감성 모두를 평범하게 갖추고 있다고 판단한다.

③처럼 종점이 낮은 경우에는 ①과 반대로 매우 감성적인 로맨티스트에 해당하여 공상을 좋아하기 때문에 소설가, 예술가 등의 직업이 어울리며, 감성적이라는 점을 활용할 수 있는 직업에 종사하면 성공을 거둘 가능성이 높다. 즉, 두뇌선의 종점이 낮을수록 감성주의자라고 말할 수 있다.

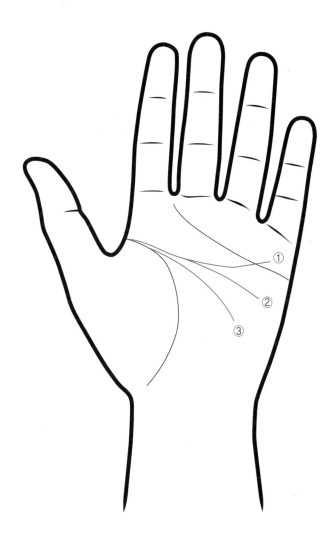

① ② ③

나 성질 있는 사람이야

두뇌선이 직선으로 뻗어 제2화성구까지 도달해 있는 사람은 승부욕이 강하고 지는 것을 싫어하며 매우 현실적인 사람이다. 또, 참을성이 많아서 약한 모습을 드러내지 않는다. 단, 제2화성구의 살집이 부족해서 오목하게 들어가 있는 경우에는 활발한 두뇌만큼 몸이 따라주지 않아 쉽게 초조해지고 짜증을 잘 내게 된다. 기본적으로, 두뇌선과 감정선의 간격이 좁을수록 마음이 좁고 성격이 급하며 화를 잘 낸다. 반대로 두뇌선과 감정선의 간격이 넓을수록 독립심이 강하고 배려심이 깊다.

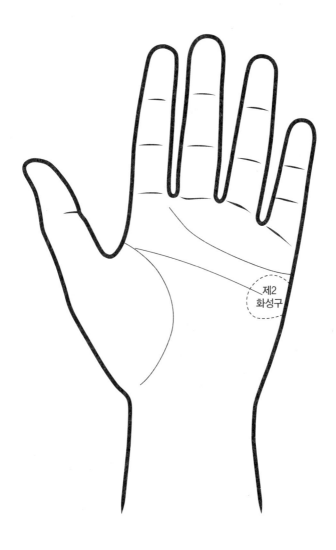

제2
화성구

중용의 도가 중요하지

　두뇌선이 약간 커브를 그리면서 제2화성구와 월구 사이를 향하여 뻗어 있는 사람은 성격이 객관적이며 중용을 지키는 타입으로 다방면에 적성이 맞고 조직에서도 두각을 나타낼 가능성이 높은 사람이다. 만약 감정선도 약간 커브를 그리면서 집게손가락과 가운뎃손가락 사이를 향하여 뻗어 있다면 대인관계능력이 뛰어나고 사회성이 매우 강해서 성공할 가능성이 높다. 하지만 감정선이 직선이거나 극단적으로 짧거나 도중에 끊어지는 등의 문제가 있으면 정서가 불안정해서 속을 알 수 없는 사람이 되어 버린다.

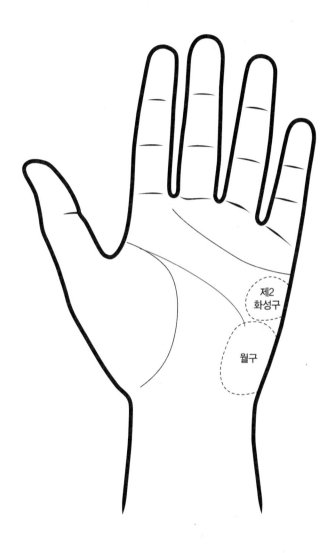

제2
화성구

월구

그래도 인기는 있어야

두뇌선이 중간에 급커브를 그리면서 월구를 향해 뻗어 있는 경우에는 생명선과 두뇌선의 간격이 좁아지는데 이때 중요한 것이 월구의 요철이다.

월구의 살집이 도톰해서 볼록하게 튀어 올라 있다면 무슨 일에건 반응이 빠르고 민감하며 예술이나 예능 분야에서 두각을 나타내 큰 인기를 모을 수 있다. 하지만 월구의 살집이 빈약해서 오목한 느낌이 드는 경우에는 신경질적이고 무슨 일이건 쉽게 지쳐 정서불안 상태를 보이며 성격이 한쪽으로 치우친 사람이다. 기본적으로, 두뇌선이 월구를 향해 길게 뻗어 있는 경우에는 인기가 많고 사교적인 사람이다.

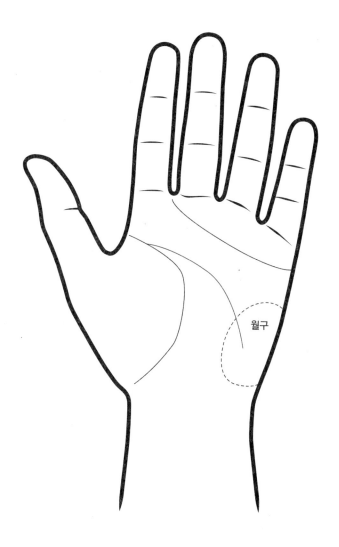

월구

나는 양면성을 갖춘 사람

두뇌선 위(②), 또는 아래(①)에 또 하나의 두뇌선이 있는 것을 '이중두뇌선'이라고 부른다. 이중두뇌선은 그림과 달리 두뇌선과 교차하듯 나타나는 경우도 있는데 어쨌든 두뇌선이 두 개가 나타나 있으면 이중두뇌선에 해당한다. 이중두뇌선이 있는 사람은 두뇌 활동에서는 창조력, 이해력, 판단력, 발상력이 모두 뛰어나 일단 머리가 좋다는 말을 들으며, 성격은 현실적인 성향과 감성적인 성향이 모두 갖추어져 있는, 즉 양면성을 갖춘 사람이다.

특히, 전혀 다른 분야의 두 가지 일을 동시에 진행할 수 있는 재능도 있지만 감정선이 흐트러져 있거나 운명선, 태양선 등이 나쁜 방향으로 흐르고 있을 경우에는 사기꾼이 될 가능성이 높다. 따라서 자기수양에 노력해야 좋은 결과를 얻을 수 있다.

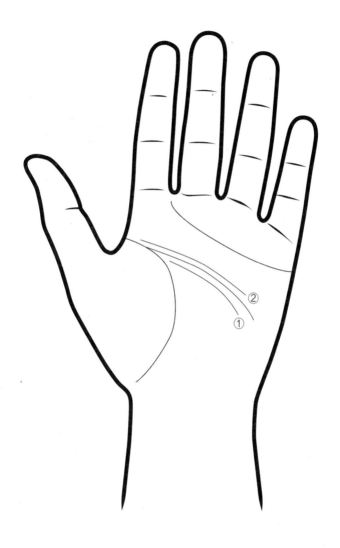

어떤 경우에도 쓰러지지 않아

두뇌선과 감정선이 하나로 이어져 있는 이른바 '막쥔 손금'에 해당하는 사람은 아무리 어렵고 힘든 상황이 오더라도 절대로 무릎을 꿇지 않는 강한 인내력과 정신력을 갖추고 있다. 평범한 생활을 할 때에는 다른 사람과 별 차이가 나타나지 않고 오히려 약간 가벼워 보이는 듯한 경우도 있지만 어떤 문제가 발생하게 되면 숨겨져 있던 강한 인내력과 끈기가 드러난다. 설사 사업을 하다가 빚만 짊어지게 되더라도 다시 일어나면 된다는 식으로 새롭게 도전하는 강한 의욕을 보이는 것이다.

단, 동업은 절대로 자제해야 한다. 이런 수상을 가진 사람은 독립적인 일이나 조직의 리더가 되어야 재능을 마음껏 발휘할 수 있다. 선이 뚜렷하고 선명하게 나타나 있을수록 강한 경향은 더욱 잘 나타나고 사슬처럼 꼬여 있거나 선이 힘이 없을 경우에는 독선적이라는 말을 듣게 된다.

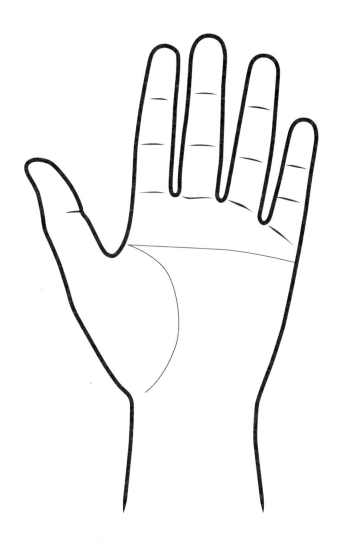

사는 것 자체가 귀찮아

두뇌선이 사슬처럼 고리 모양을 이루고 있거나(①) 드문드문 끊어져 있는(②) 사람은 어떤 일에 집중하는 것을 매우 싫어하며 적당주의를 좋아한다. 특히 현실적인 쾌락이나 유흥을 탐닉해서 이성에게 빠지는 경향이 강하고 성격이 급하고 격해서 남성인 경우에는 다툼이 많다. 여성인 경우에는 반항심이 강하고 매사에 짜증을 잘 내기 때문에 상대방을 지치게 만든다. 단, 유흥업계에 종사하거나 쾌락을 즐길 수 있는 직업에 종사하면 오히려 성공을 거둘 가능성이 높다.

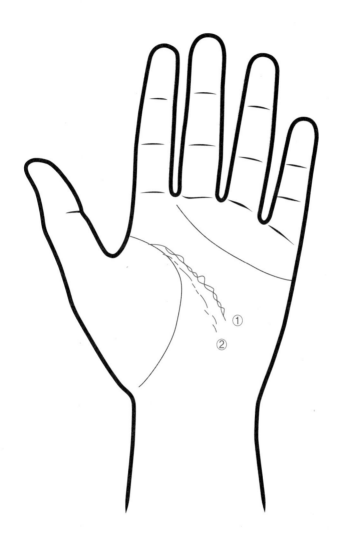

① ②

사람은 괜찮은데 끈기가 부족해

두뇌선이 종점으로 갈수록 가늘어지거나 끊어져서 희미하게 사라져 보이는 사람은 다양한 분야에 관심이 많고 재능도 있지만 무슨 일을 시작하건 마무리를 짓지 못한다. 또, 책임감이 없어서 자신에게 주어진 일을 어떻게든 성사시키겠다는 의욕도 보이지 않는다. 따라서 다양한 분야의 직업을 경험하지만 실질적으로는 한 가지의 능력도 갖추지 못하는, 정신적으로 매우 나약한 사람이다. 만약 생명선도 이처럼 종점으로 갈수록 희미해지는 모습을 보인다면 건강에 특히 주의해야 한다.

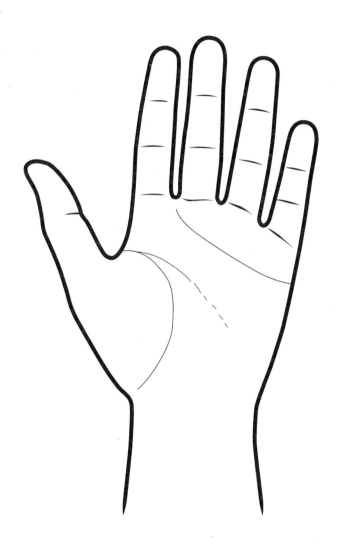

짜증나니까 건드리지 마

두뇌선이 생명선 안쪽에서 출발한 사람은 자신의 단점을 충분히 이해하고 있으면서도 그것을 고칠 생각을 하지 않고 남 탓, 특히 가족 탓으로 돌리는 경향이 매우 강하다. 따라서 어떤 문제건 자신의 무능함이나 나약함이 드러날 때에는 짜증부터 내고 다른 사람이 자신을 어떻게 보는가에 지나칠 정도로 걱정한다. 반면에, 다른 사람에 대해서도 의심이 많다. 만약 손이 부드럽다면 사소한 문제에도 하나하나 얽매여 그 문제를 마음에 담아두었다가 나중에 갚는 성격이며, 손이 탄탄하다면 기분 나쁜 일이 있을 때 이해할 수 없을 정도로 심하게 화를 내는 성격이다.

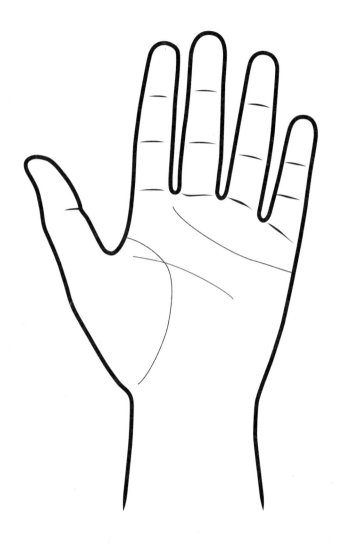

인생은 돈이 최고야

두뇌선이 약간 위쪽을 향하다가 약손가락 아래 근처에서
감정선과 맞닿아 있는 사람은 금전에 대한 집착이 매우 강한
이른바 수전노다. 대부분 돈과 관련된 문제에서는 절대로 양
보하지 않는 악착같은 성향을 보이기 때문에 주변 사람들에
게 피해를 주는 경우도 많고 적도 많이 만드는 편이다. 다른
손금들이 잘 발달되어 있다면 큰돈을 움직일 수 있지만, 그렇
지 않은 경우에는 몇 푼 안 되는 적은 금액에 집착하여 인간
성을 잃기 쉬우니까 이 부분에 주의해야 한다.

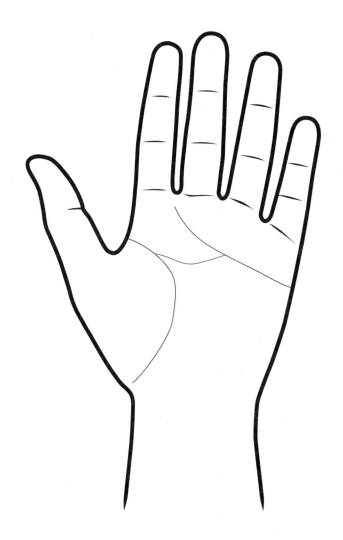

나를 천재라고 불러 줘

두뇌선이 가운뎃손가락 근처에서 끊어져 있는데 새로운 두뇌선이 그 부분에서 뻗어 나와 월구까지 이어져 있는 사람은 두뇌가 매우 명석한 사람으로 학술, 예술, 기획 등 예민한 두뇌가 필요한 분야에서 뛰어난 실력을 보인다. 단, 매우 논리적이고 객관적이기 때문에 대인관계에서는 상대방을 지치게 만드는 경향이 있고, 자신감이 넘쳐서 사람들을 깔보는 듯한 태도 때문에 주변 사람들이 등을 돌리기 쉽다는 단점이 있다.

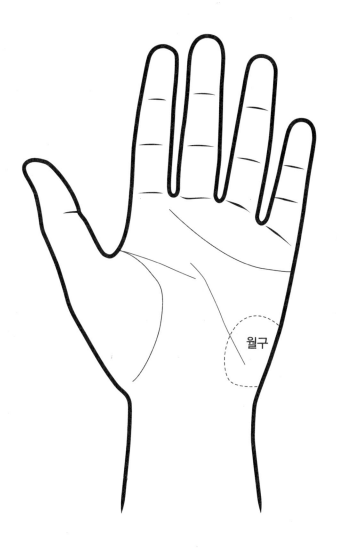

월구

도대체 결론이 뭐야

두뇌선의 끝 부분이 두 갈래로 갈라져 있는 사람은 선의 뚜렷함에 따라 해석이 완전히 달라진다.

즉, 선이 깊이 패어 있어서 뚜렷해 보이는 사람은 창조력이 뛰어나고 아이디어가 풍부한 능력 있는 사람으로 일처리가 능숙하고 어떤 일을 하건 인정을 받는다. 하지만 선이 얕게 패여서 희미해 보이는 사람은 성격이 우유부단해서 어떤 문제건 판단을 내리지 못하고 늘 망설이는 타입으로 스스로 결단을 내리지 못하는 경우가 많다. 단, 주어진 일에 최선을 다하는 장점은 있다.

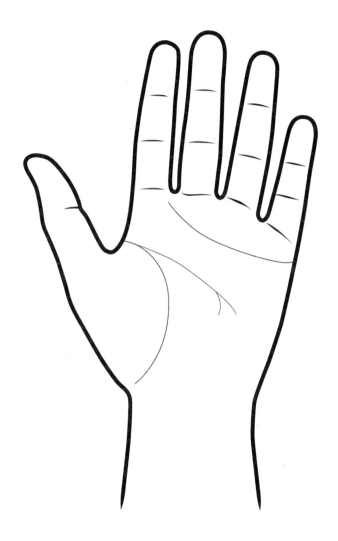

임기응변이라면 나 정도는 되어야

두뇌선 끝 부분이 두 갈래로 갈라져 있는데 위쪽 선이 짧고 아래쪽 선이 긴 사람은 어떤 일을 하다가 실수를 하여 위기 상황에 빠지더라도 임기응변으로 무사히 위기를 벗어날 수 있는 능력이 있다. 한마디로, 변명과 핑계에 능한 사람으로 계획적인 것이 아니라 어떤 상황이 발생했을 때, 임기응변으로 그 상황을 빠져나오는 능력이 탁월한 것이다. 여성은 언변이 뛰어나 말로 남성을 다루는 능력이 탁월하다.

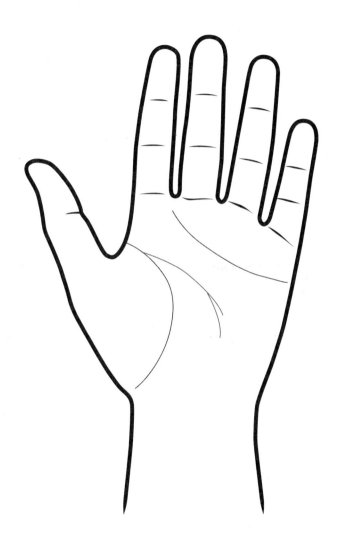

제발 집중 좀 하자

두뇌선이 계속 끊어졌다 이어지는 사람은 집중력, 이해력이 부족하고 어떤 일에건 소극적인 태도를 보이며 체력도 약한 편이다. 또한, 참을성도 부족해서 생활을 꾸려나가는 능력이 매우 약하다. 어떤 선이건 끊어져 있다는 것은 도중의 좌절을 의미하는데, 두뇌선의 경우에는 사고력의 새로운 전환이라고 본다. 즉, 사고력이 끊임없이 바뀌기 때문에 정립이 되지 않아 집중력이 떨어지고 그 결과 본인 스스로 지쳐버리게 되는 것이다.

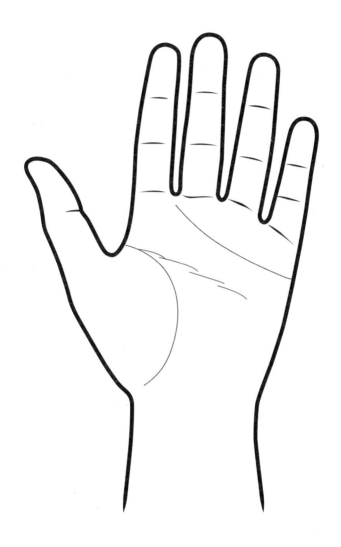

일 잘하는 사람이 연애도 잘 하는 법

두뇌선에서 위로 뻗은 짧은 지선들이 여러 개 나타나 있는 경우 매우 적극적인 성격에 호기심이 많고 모험도 좋아한다. 따라서 늘 새로운 세상을 개척하는 데에 관심이 많은 타입이며, 한번 시작한 일에서는 반드시 중간 이상의 성과를 거둔다. 한 마디로, 어떤 일이건 잘 처리해 내는 사람으로 이성도 잘 다루기 때문에 인기가 좋고 연애 경험도 풍부하다.

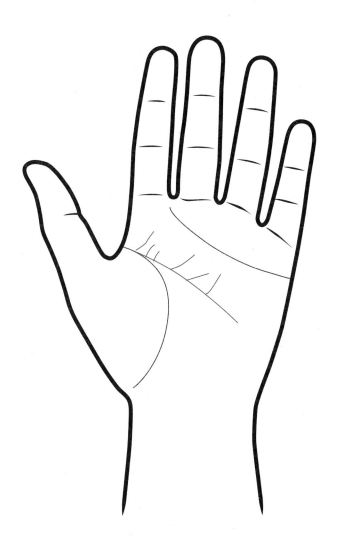

항상 뇌질환을 조심해야

두뇌선 위에 섬 무늬나 *무늬, 十자 무늬 등이 있는 사람은 항상 뇌질환에 대비해야 한다. 이런 경우에는 신경이 약해서 쉽게 지친다는 뜻이며, 부상이나 질병에 의해 신경손상을 입을 가능성이 있다는 의미기 때문이다. 또, 두뇌선 위에 나타나는 검은 점이나 사마귀 역시 뇌질환과 깊은 관련이 있다. 단, 붉은 점은 다르다. 이것 역시 신경계 손상을 의미하는 하지만 정도가 가볍고 그보다는 싸움이나 투쟁을 의미하기 때문이다.

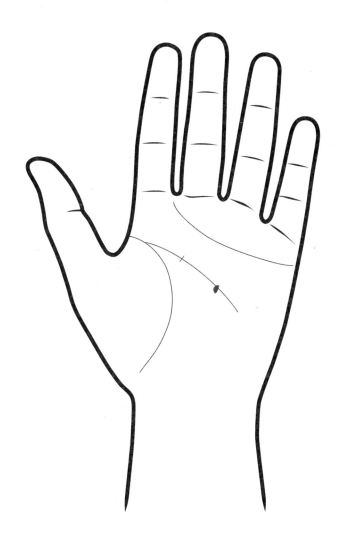

감정선

감정선의 의미

감정선은 새끼손가락 아래에서 집게손가락을 향하여 뻗어 있는 선을 가리키며, 이름 그대로 감정과 관련된 문제, 즉 연애나 인간관계, 심리 등을 나타낸다. 굵고 뚜렷할수록 감정이 일관적이라고 판단하며 지나치게 구부러져 있거나 끊겨 있거나 사슬처럼 고리를 이루고 있을 경우에는 감정변화가 심하고 냉정함이 부족하다고 판단한다.

감정선으로는 기본적으로 다음과 같은 사항들을 판단한다.

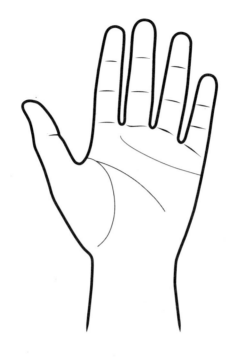

이성 문제를 본다

정열적이고 화끈한 연애를 할 것인가, 조용하고 따뜻한 연애를 할 것인가. 변덕이 많은 타입인가, 일편단심 타입인가. 이런 식으로 이성 문제에 있어서 행운과 불운, 진행과정에서의 변화, 결실과 좌절 등을 살펴본다.

성격을 본다

감정선은 이름 그대로 사람의 감정을 나타내는 선이기 때문에 당연히 성격을 판단하는 재료로 활용한다. 감정선의 생김새에 따라 일관적이고 직선적인 성격인지, 변덕이 많고 소심한 성격인지 등을 판단한다.

건강을 본다

건강은 기본적으로 생명선을 살펴보지만 감정선은 감정의 극심한 변화 때문에 발생하는 질병, 예를 들면 심장병이나 뇌질환 등을 살펴보는 보조역할을 한다. 따라서 건강을 살펴보는 재료로도 활용한다.

감정선의 높이와 성격

감정선의 높이에 따라 성격은 완전히 차이가 난다. ①처럼 감정선이 평균 높이 위를 달리고 있는 경우에는 매우 정열적인 사람이며, 감정을 조절하기 어려운 감각적인 성격이라고 판단한다. 또, 금전에 대한 욕심이 강하고 이기적인 편이다. 이런 사람은 쉽게 흥분하고 한번 관심을 가지면 다른 문제는 제쳐놓고 그 대상에만 열정을 쏟으며 다른 사람의 의견에는 귀를 기울이지 않는 편이다. 즉, 자신의 감정에 휘둘리기 쉬운

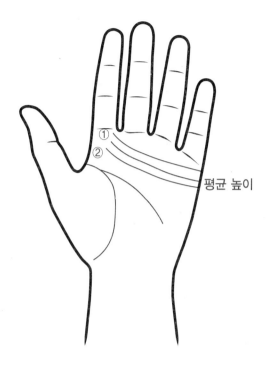

평균 높이

타입이다. 하지만 감정이 풍부하기 때문에 예술, 예능, 문학 등의 분야에서 성공할 가능성이 높고 열정적인 성격을 활용하여 발명가나 창조가로도 성공할 수 있다.

한편, ②처럼 평균 높이 아래를 달리는 경우에는 감정 조절이 능숙하고 냉정한 타입으로 항상 안정된 모습을 보인다. 또, 사람들의 아픔을 지나치지 못하고 헌신적인 행동을 보일 때도 있는, 정신적인 측면을 중시하는 사람이다.

감정선의 유년법

감정선의 유년법은 이성문제에 가장 많이 활용된다. 즉, 어떤 시기에 어떤 변화가 발생하여 이성과의 인연이 만들어지거나 깨어지는가를 알아볼 때에 가장 많이 활용하는 것이다. 한편, 질병이 발생하는 시기를 알아볼 때에도 유년법을 활용한다.

기본적으로는 감정선이 출발하는 새끼손가락 아래의 손바닥 끝 부분을 0세로 보고 감정선이 이어져 나가는 방향을 따라 일직선으로 선을 그어서 검지손가락 아래의 손바닥 끝 부분을 100세로 보아 총 길이의 2/3지점(가운뎃손가락 아래 근처)을 50세로 설정해서 각 시기를 구분한다.

총 길이의 2/3지점을 50세로 설정하는 이유는 감정의 기복과 이성문제가 활발하게 발생하는 시기가 50세까지기 때문이다. 즉, 50세 이후에는 감정의 기복이나 이성문제가 거의 없기 때문에 감정선의 한계를 넘어선다고 보는 것이다.

한편, 감정선이 엄지손가락 쪽의 손바닥 끝까지 이어져 있는 경우는 '막쥔 손금'을 제외하고는 거의 없기 때문에 결국 감정선은 70세 정도에서 끝난다고 보면 된다.

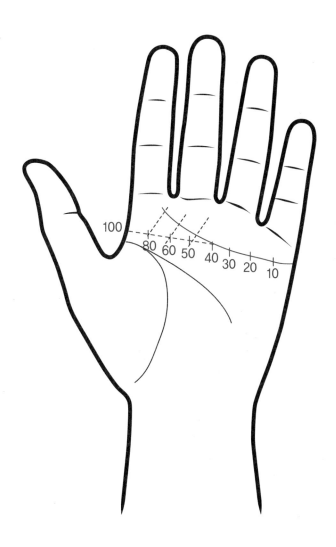

나한테 걸리면 죽음이야

감정선이 두뇌선보다 더 아래쪽으로 내려가 있는 사람은 음침한 성격에 질투심이 매우 강한 타입으로 상대방의 모든 것을 감시하고 파헤치려는 경향이 강하다. 따라서 집착도 강해서 스토커 같은 행동을 보이기도 하며 상대방에게 인정을 받지 못하면 어떻게든 갚아야 직성이 풀리는 성격이기도 하다. 감정선이 두뇌선을 침범한다는 것은 감정을 두뇌로 분석하려 한다는 뜻이다.

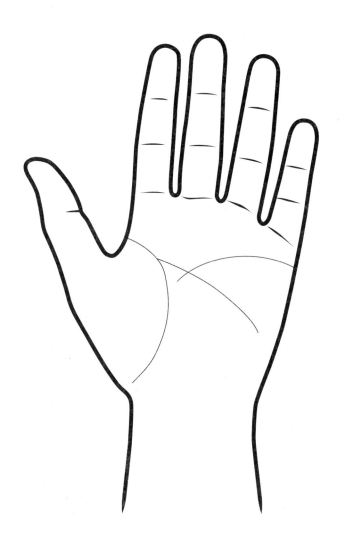

감정선이 두 개면 감정도 두 배

기본적인 감정선이 있고 또 하나의 감정선이 있는 것을 '이중감정선'이라고 부르는데 이런 사람은 감정 역시 보통 사람의 두 배로 매우 정열적이며 이성에 대한 관심도 강하다. 따라서 이성문제에 휘말릴 가능성이 높고 일찍 결혼하게 되면 이혼할 가능성도 높다.

한편, 이중감정선을 가진 사람은 성격도 이중적인 면이 있어서 평소에는 부드럽고 따뜻하지만 한 번 화를 내면 극단적인 상황까지 치닫기도 하는 극과 극의 변화를 보이기도 한다. 만약 두 개의 감정선이 전혀 다른 모습으로 생겼다면 각각 갖추고 있는 의미를 모두 갖추고 있다고 보면 된다.

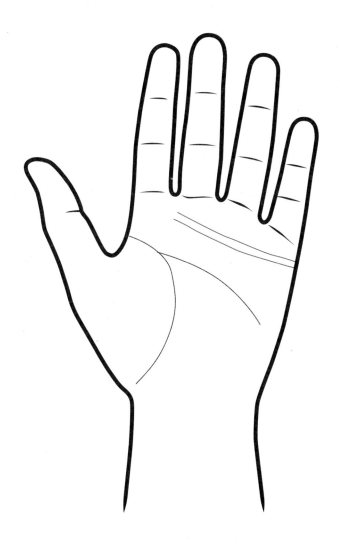

이상적인 아내, 이상적인 남편

　감정선의 끝 부분이 집게손가락 아래 목성구까지 뻗어 있는 사람은 인정이 넘치고 상대방을 배려할 줄 아는 성격을 갖추고 있으며 이성에게도 매우 성실한 태도를 보인다. 결혼운도 좋은 편이며 남녀 모두 결혼하게 되면 상대방에게 헌신적으로 최선을 다하기 때문에 행복한 가정을 꾸릴 수 있다. 한편, 자존심이 매우 강해서 남에게 지는 것을 싫어하며, 천박한 언행이나 지저분한 일을 매우 싫어하는 경향이 있다.

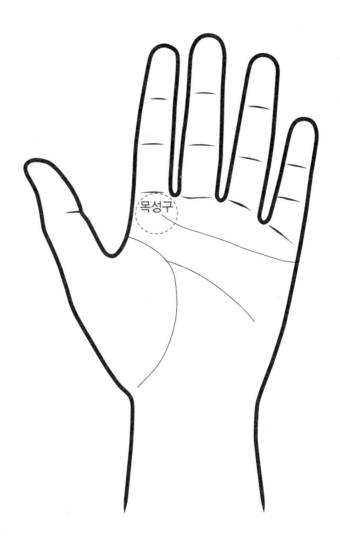

목성구

마음은 있지만 표현할 수 없어

감정선은 뚜렷한데 구불구불해서 마치 뱀이 기어가는 듯한 모습으로 생긴 사람은 상대방의 기분을 이해하는 능력이 부족하고 대인관계에서도 반응이 늦어 인간관계가 매우 서투르다. 언뜻 보면 안정감이 있는 것처럼 느껴지기도 하고 다른 쪽으로는 냉정한 사람이라는 인상도 있다. 자신의 감정이나 생각을 표현하는 능력이 떨어지는 타입이다.

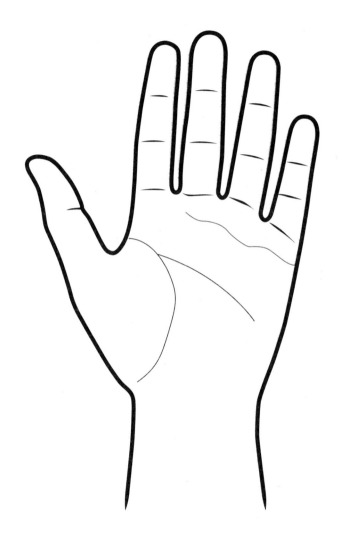

그런 꼴은 죽어도 못 봐

감정선이 너무 길어서 손바닥의 끝에서 반대쪽 끝까지 뻗어 있는 사람은 독점욕과 질투심이 매우 강한 타입으로 한 번 상대방에게 집착하면 모든 것을 독점하려 하기 때문에 상대방을 지치게 만드는 경향이 있다. 따라서 별 것 아닌 문제로 상대방을 의심하거나 자신의 머릿속에서 만들어낸 공상을 바탕으로 질투심을 발휘하기도 한다. 이런 사람이 사랑에 실패하면 그 충격에서 쉽게 벗어나지 못하여 극단적인 행동을 하는 경우도 있다.

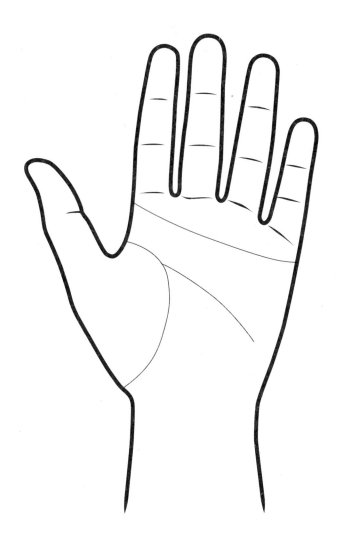

나만의 꿈, 나만의 세계

감정선의 끝 부분이 가운뎃손가락 아래의 뿌리 부분까지 뻗어 있는 사람은 무엇이건 자기 위주로, 상대방에 대한 배려보다는 자신의 만족을 우선하는 경향이 매우 강하다. 즉, 자기만의 세계를 확실하게 가지고 있는 이른바 에고이스트다. 이런 사람의 손이 부드럽고 야들야들한 경우에는 육체적인 욕망이 매우 강해서 마음에 드는 이성을 만나면 집요할 정도로 따라다니지만 목적을 이루고나면 즉시 다른 이성에게 관심을 보인다.

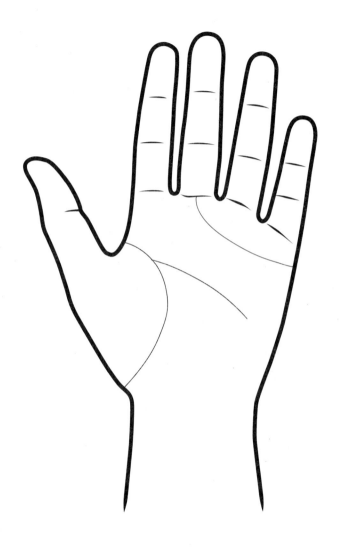

나는 정의의 사도

감정선의 끝 부분이 생명선과 닿아 있는 사람은 남성적이며 정의감이 매우 투철한 타입으로 남성인 경우에 불행에 처해 있는 여성을 보면 자기도 모르게 다가가서 도와주는 따뜻한 마음이 있다. 하지만 그 정도가 심해서 여자만 보면 꼬리를 치는 남자로 오해를 받는 경우도 많다. 만약 여성이 이런 감정선을 가지고 있을 경우에는 여성적인 매력이 부족하고 결혼운이 나쁘다.

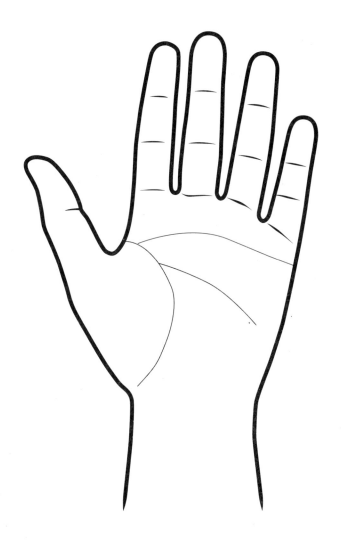

무슨 일이건 지나칠 수가 없어

감정선의 끝 부분이 생명선을 넘어 그 안쪽으로 들어가 있는 사람은 애정이 매우 깊고 친절하며 인정도 많은 타입이지만, 친절한 마음이 도를 넘어 상대방의 세밀한 부분까지 참견하는 경향이 강하다. 본인은 상대방을 위한 언행이라고 하지만 상대방의 입장에서는 지나친 간섭이나 참견에 해당한다. 따라서 이성관계에서는 상대방이 구속당한다고 생각하여 좋은 관계가 깨어지는 경우가 많다.

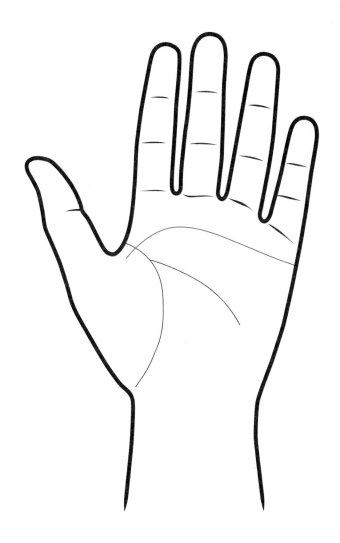

사랑은 아름다워

감정선의 끝 부분이 가운뎃손가락 근처에서 급격하게 아래쪽으로 꺾어져 있는 사람은 사랑에 살고 사랑에 죽는 낭만파다. 단, 지나칠 정도로 애정에 집착하기 때문에 현실과 공상의 경계선이 뚜렷하지 못해서 연애를 성공으로 연결시키는 능력은 부족하다. 따라서 연애는 많이 하지만 결혼운이 좋은 편이 아니며, 성격은 신경질적인 성향이 강하다.

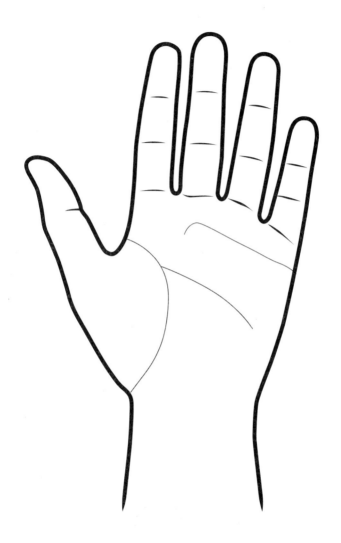

어디를 가나 인기는 내가 최고

감정선의 기점에 위쪽으로 향한 지선이 두세 가닥 뻗어 있는 사람은 매우 사교적인 성격이며 사람을 잘 다루고 다방면에 지식을 갖추고 있어서 분위기를 즐겁게 이끌어가는 능력이 있다. 따라서 주변 사람들에게 인기를 모으는 타입이다. 이런 사람은 대부분 손이 부드럽고 따뜻하다.

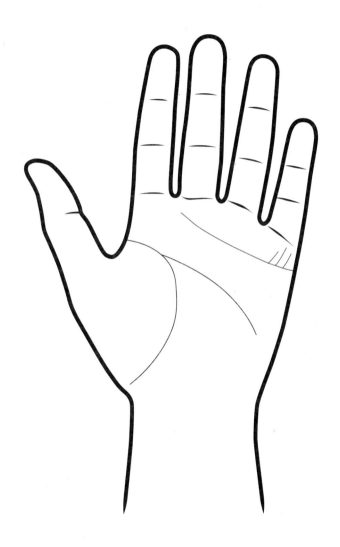

임기응변에 능해야 살기 편하지

　새끼손가락과 약손가락 사이 아래 부분의 감정선에 섬 무늬가 세 개 형성되어 있는 사람은 두뇌 회전이 매우 빨라 임기응변이 뛰어난 타입으로 상대방의 마음을 꿰뚫어보는 능력이 있고 어떤 상황에서도 분위기를 간파하는 능력 또한 탁월하다. 따라서 모든 일에 즉각적으로 대처할 수 있는 능력이 있으며 상업적 재능, 사교, 유흥 방면에도 재주가 있다. 이성 관계에서는 늘 새로운 즐거움을 만들어내기 때문에 행복한 가정을 꾸릴 수 있다.

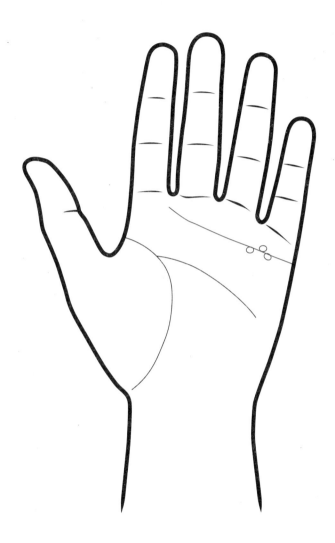

변덕 때문에 진실한 사랑을 할 수 없다니

감정선이 짧게 끊어진 듯 이어져 있는 사람은 선이 끊어진 것과 마찬가지로 연애도 제대로 이어지지 않아 결혼운이 매우 나쁘다. 이성과의 연애운은 나쁘지 않지만 마음이 수시로 바뀌어 좋은 기회도 변덕 때문에 놓치는 경우가 많다. 이런 사람이 두뇌선도 가늘고 사슬 모양으로 이루어져 있거나 끊어져 있는 경우에는 그런 경향이 더욱 강하다. 단, 두뇌선이 선명하고 깊게 패어 있다면 나이를 먹으면서 조금씩 성격이 바뀐다.

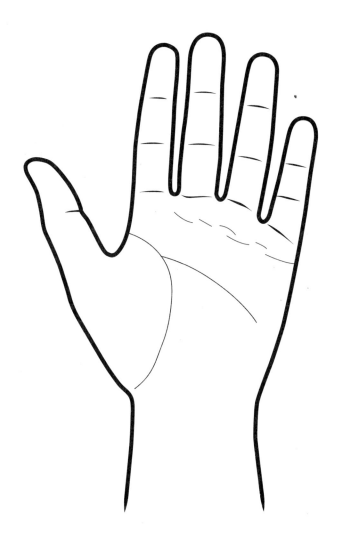

절대로 흔들리지 않아

감정선의 끝 부분이 두 갈래로 갈라져 있는 사람은 책임감이 매우 강하며 보수적이고 고지식하다. 이성 관계에서도 매우 신중해서 함부로 행동하지 않으며 바람을 피우는 데에는 별 관심이 없다. 즉, 이성 관계는 늘 결혼을 전제로 삼는다. 한편, 결혼을 하면 상대방에게만 충실하고 헌신적이지만 상대방의 행실이 바르지 않을 경우에는 그것을 참고 이해하기 어려운 타입이다.

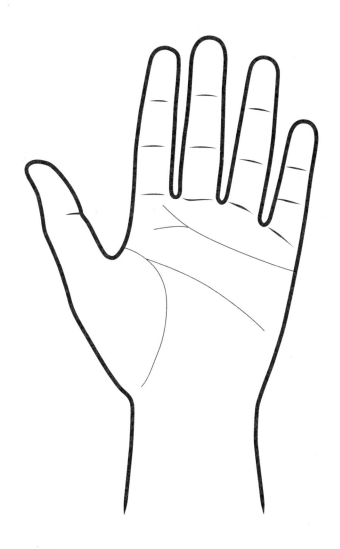

충격을 받으면 다리에 힘이 풀려

감정선에서 갈라져 나온 지선이 두뇌선에 닿아 있는 사람은 이성 관계에서 실연을 당하면 그 충격 때문에 한동안 슬럼프에서 빠져나오지 못할 뿐 아니라 식사도 못할 정도로 심각한 열병을 앓는다. 또, 그것이 원인으로 작용하여 다른 일은 전혀 손을 대지 못한다. 이른바 순정파에 해당한다. 감정선의 아래쪽으로 뻗은 지선이 두뇌선에 닿아 있다는 것은 감정에 의해 두뇌까지 손상을 입는다는 뜻이다.

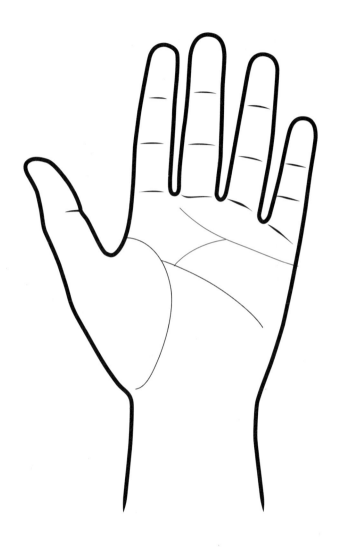

사랑 따위는 관심 없어

곧게 뻗어 있는 감정선이 가운뎃손가락 아래에서 멈추어
있는 사람은 유흥은 좋아하지만 사랑에는 빠지지 않는 타입
이다. 만약 손이 살집이 부족해서 얇거나 연약한 경우에는 이
성에 대한 정열이 약하며 냉정한 사람이다. 그와 반대로 손에
살집이 풍만한 경우에는 연애를 즐기되 사랑에는 빠지지 않
는, 이른바 쿨한 타입에 해당한다. 여성인 경우에는 사랑이나
연애보다는 일에 더 강한 관심을 보인다.

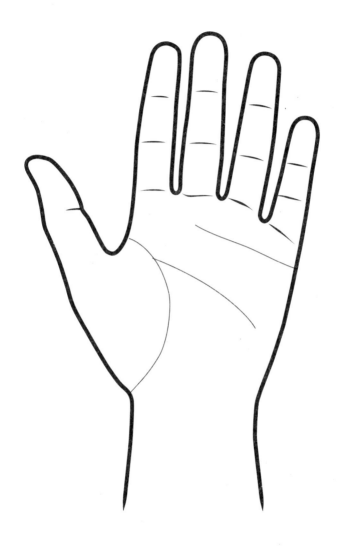

혹시 이혼의 아픔이

감정선이 중간에 뚝, 끊어졌다가 이어져 있는 사람은 첫 결혼에 실패할 가능성이 매우 높다. 만약 새끼손가락과 약손가락 아래에서 끊어져 있다면(①) 이혼의 원인이 본인에게 있는 경우가 많고, 가운뎃손가락 아래에서 끊어져 있다면(②) 부부 사이의 애정 때문이 아니라 운명적으로 이혼하게 된다고 판단한다.

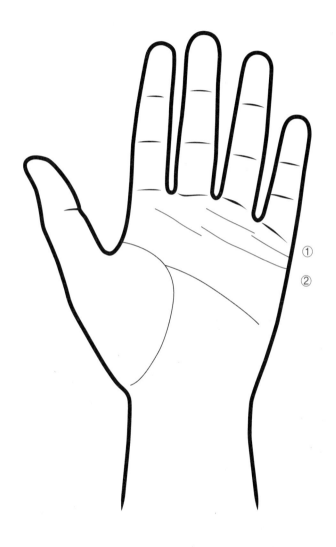

①
②

죽어서도 잊지 못할 사랑

감정선에서 뻗어 나온 지선이 생명선 안쪽으로 들어가 금성구까지 뻗어 있는 사람은 평생 잊을 수 없는 강렬한 사랑을 경험하게 된다. 생명선 안쪽은 가정, 본인만의 영역을 의미하는데 감정선에서 뻗어 나온 지선이 그 영역을 뒤흔들 정도로 강렬했다는 것은 그만큼 정신적으로 잊을 수 없는 경험을 하게 된다는 의미기 때문이다. 그 시기는 감정선 유년법을 통하여 감정선에서 가지가 뻗어 나온 지점을 유추하면 된다. 만약 감정선 말단부에서 이런 지선이 뻗어나와 있다면 중년에 이르러 심각한 불륜을 저지를 가능성이 높다.

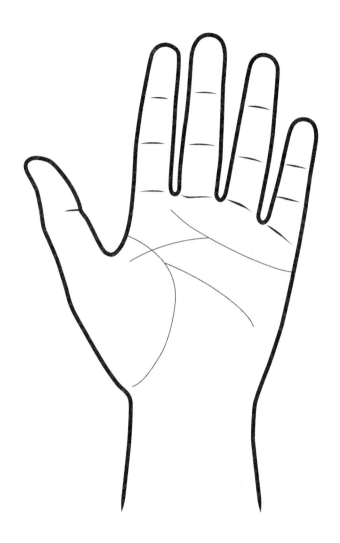

다른 사람의 아픔은 나의 아픔

　감정선에 아래쪽으로 뻗은 지선이 여러 개 나타나 있는 사람은 남을 배려하고 이해하는 마음이 잘 갖추어져 있으며 인정도 많다. 따라서 주변에 힘들어 하는 사람이 있으면 그냥 지나치지 못하고 함께 눈물을 흘려 줄 정도로 배려심이 있다. 이런 사람은 어려운 위기에 빠지면 반드시 누군가가 나타나 도움을 준다.

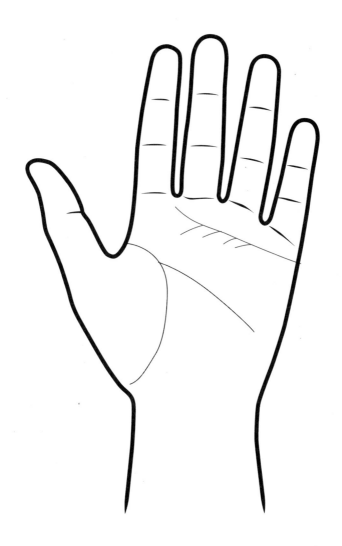

이제 사랑은 지쳤어

　감정선의 끝 부분에 여러 개의 지선이 뻗어 나와 있는 사람은 다양한 연애를 경험하게 되며 그 때문에 정신적, 물질적으로 손해를 보게 될 가능성이 높다. 남성인 경우에는 여성 때문에 명예, 지위, 금전을 날리게 되고, 여성인 경우에는 이용만 당하다가 버림을 받는, 가슴 아픈 경험을 하게 될 가능성이 높다. 따라서 연애할 때에는 가능하면 냉정함을 유지해야 아픔을 미리 막을 수 있다.

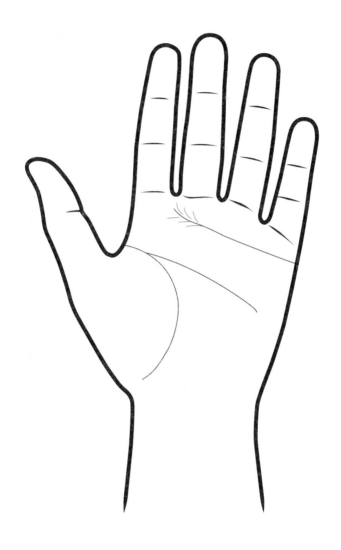

백마 탄 왕자일까, 가마 탄 공주일까

　감정선에서 위를 향해 뻗어 나온 지선이 여러 개 나타나 있는 사람은 일찍 연애를 경험하게 되고 자신의 마음에 드는 이성을 배우자로 만날 가능성이 높다. 연애운도 좋은 편이고 만나는 이성이 항상 자신보다 나은 사람이기 때문에 사랑에 재미를 느낄 수 있을 정도다. 단, 결혼운은 결혼선에 문제가 없어야 좋은 결과를 얻을 수 있다.

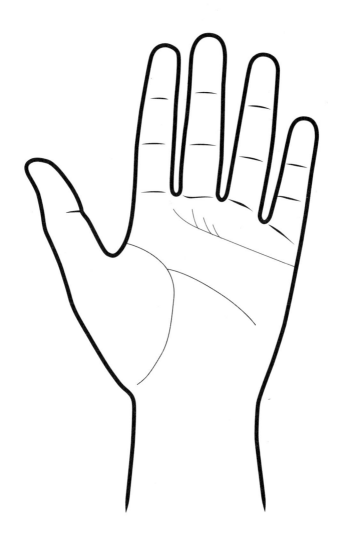

정이 많으면 눈물도 많아

　감정선 전체에 짧은 지선이 뻗어 나와 있는 사람은 다정다 감하고 사랑에 약한 성격이다. 이런 손금은 여성에게서 많이 볼 수 있다. 이런 사람은 특별히 미인이 아니더라도 묘하게 이 성에게 인기가 있어서 늘 주변에 이성이 끊이지 않는다. 단, 이성이 많다고 해서 모두 좋은 사람만은 아니다. 가능하면 상 대를 잘 가려서 사귀어야 뒤탈이 없다. 어쨌든 이성운은 매우 좋은 사람이며 그만큼 눈물도 많이 흘리게 된다.

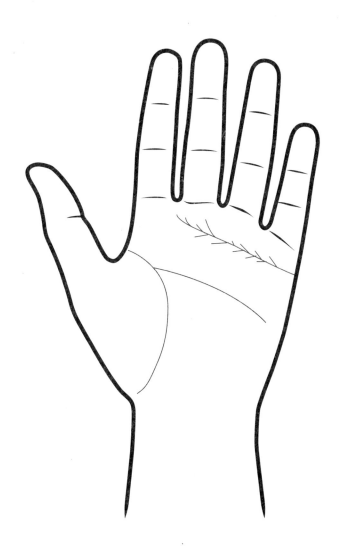

억제할 수 없는 육체적 본능이여

감정선 전체에 짧은 지선이 뻗어 나와 있으면서 두뇌선 역시 짧은 지선들로 빽빽하게 메워져 있는 사람은 육체적인 본능을 억제하지 못하는 정열적인 타입으로 섹스 중독에 빠질 가능성이 매우 높다. 특히 여성이 이런 손금을 가지고 있으면 어린 나이에 이성을 경험하거나 유흥업계에 종사할 가능성이 높다. 이른바 '도화살'이 갖추어져 있는 수상이다. 한편, 감정선과 두뇌선이 모두 사슬 모양으로 이루어져 있어도 마찬가지다.

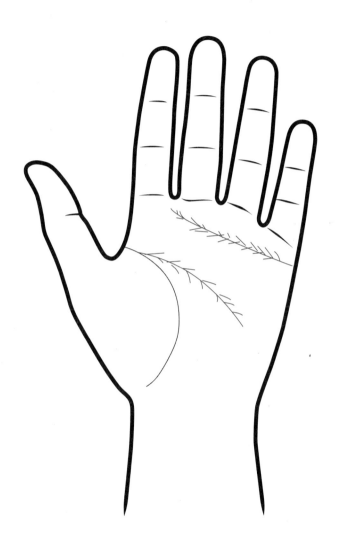

사랑은 너무 힘들어

감정선 위에 ✻무늬가 있고 그 지점에서 뻗어 나온 지선이 생명선과 닿아 있으며 그 위치에 다시 十자나 ✻무늬가 형성되어 있는 사람은 연애에서 삼각관계 등의 심각한 문제가 발생하여 아픔을 겪게 될 뿐 아니라 그것이 생명을 위협할 정도로 발전하게 될 가능성이 높다. 따라서 연애가 결혼으로 이어지기 전에는 항상 조심해야 하며 복잡한 관계가 만들어지지 않도록 신경을 써야 한다.

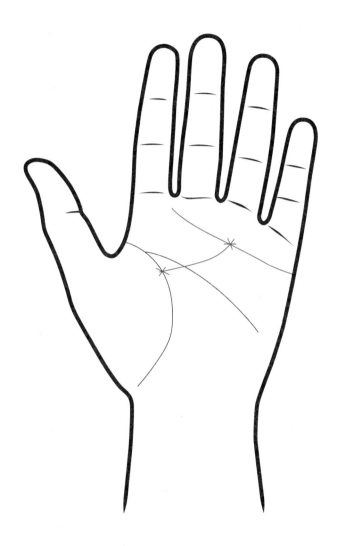

운명선

운명선의 의미

　운명선은 손목에서 손바닥 가운데를 향하여 뻗어 있는 선을 가리키며 운세를 판단하는 중요한 재료로 활용한다. 운명선은 모든 사람에게 있는 것이 아니기 때문에 간혹 전혀 없는 사람도 있다. 또, 출발하는 위치가 약간씩 차이가 있어서 정확하게 잡아내기가 쉽지 않은 선이기도 하다.

　기본적으로 직업, 적성, 운세 등을 상징하며 운명선이 뚜렷하고 깊을수록 운세가 강하다고 판단한다. 굵고 긴 운명선을 가진 사람은 직업운이 좋아 사회적으로 지위를 얻을 수 있다.

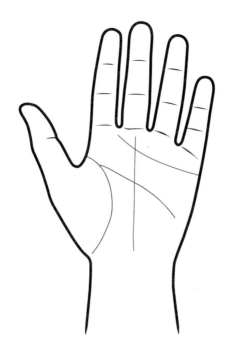

　운명선이 없는 사람은 리더십보다는 협조성이 강하기 때문에 지원하는 역할이 더 적합하다. 여성이라면 전업주부 타입이다.

　운명선으로는 다음과 같은 사실들을 판단한다.

1. 운명선의 굵기, 선명함 등을 통하여 그 사람의 실력을 판단할 수 있다.

2. 인생에서의 커다란 전환기, 환경 변화, 운세의 흐름 등을 알 수 있다.

3. 인생에 대한 자세, 주변 사람들과의 인간 관계를 알 수 있다.

4. 애인을 만나는 시기, 결혼하게 될 시기, 사회 진출이나 직장 취직 등의 시기를 알 수 있다.

5. 인생에서의 장애나 슬럼프가 발생하게 될 시기를 알 수 있다.

수상은 결국 그 사람의 심리 상태, 마음가짐을 나타내는 거울이다. 따라서 적극적이고 긍정적인 마음을 갖추고 있는 사람의 손금은 뚜렷하고 선명하게 나타나고, 소극적이고 부정적인 마음을 갖추고 있는 사람의 손금은 희미하게 나타난다. 관상에서 마음을 밝게 가지면 상이 좋아지는 것과 마찬가지로 수상 역시 마음이 그대로 표현되는 것이다.

특히 운명선은 인생의 성공과 깊은 관련이 있기 때문에 긍정적인 마음과 '나는 할 수 있다'는 자세를 갖추고 있는 사람의 운명선은 깊고 뚜렷하게 나타난다.

운명선의 유년법

운명선은 사업, 결혼 등의 운세의 변화를 나타내는 선이기 때문에 유년법이 특히 중요하다. 어느 시기에 끊어졌고, 어느 시기에 이어졌는가 등을 살피면 그 시기의 변화를 미리 예측하고 대응할 수 있기 때문이다.

운명선 유년법에 관해서는 다양한 의견이 있지만 백산역명학에서의 그 동안의 경험을 토대로 운명선이 손목선 근처에서 출발하는 경우를 예로 들면 다음과 같다.

1. 일단 손목의 가로주름(손목선)을 0세로 잡는다.
2. 가운뎃손가락의 뿌리 부분의 선을 100세로 잡는다.
3. 두 지점의 중간 지점을 40세로 잡는다.
4. 1과 3의 중간 지점을 20세로 잡는다.
5. 3과 2의 중간 지점을 60세로 잡는다.
6. 그 사이 사이를 평균으로 나눈다.

운명선이 월구에서 출발하는 경우(①)나 생명선 근처에서 출발하는 경우(②)에도 1, 2, 3, 4의 점을 중심으로 가로로 선을 그어 각각의 나이에 대비하면 된다.

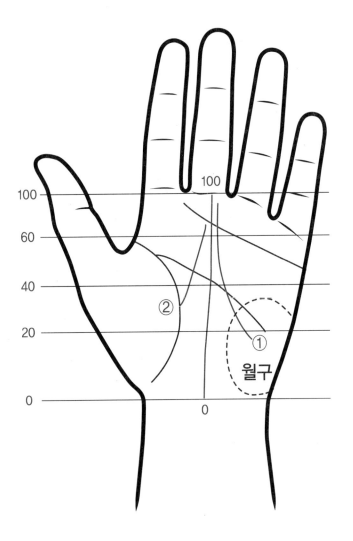

그림을 참고로 설명하면 ①의 경우에는 19세 정도에 운명에 새로운 변화가 생긴다고 판단하며 운명의 흐름이 90세(결국, 인생을 마감할 때까지)까지 이어진다고 판단한다. 한편, ②의 경우에는 32세 정도에 새로운 운명이 열리기 시작해서 65세 정도까지 이어진다고 판단한다. 즉, 운명선이 나타난 시점에서부터 새로운 운명이 시작되며 운명선이 끝나는 지점의 해당하는 나이에 그 운명이 끝난다고 판단하는 것이다.

이중으로 나타나는 운명선은 각각 기점과 종점이 다른데, 이 경우에는 두 개의 운명선에 각각 유년법을 적용해서 판단한다. 각 운명선의 형태에 따라 해석이 다르지만 유년법을 적용하는 방법은 동일하다.

노력만이 성공을 안겨 주는 법

운명선이 굵다는 것은 어떤 환경에 놓이더라도 굴하지 않고 열심히 노력하여 충실한 인생을 보낼 수 있다는 뜻이다. 운명선이 굵은 만큼 의지가 강하고 스스로를 일으켜 세우는 힘이 있다는 뜻이다. 따라서 설사 힘든 상황에 놓인다고 해도 자신의 능력을 최대한 활용하여 앞길을 개척해 나간다.

단, 여성인 경우에는 의미가 약간 다르다. 의지력이 강한 만큼 남편에게 의지하는 것보다는 보다 강한 남편을 원하기 때문에 남편이 견디기 힘들다. 따라서 이렇게 굵은 운명선을 갖춘 여성은 사회활동을 하는 것이 바람직하다.

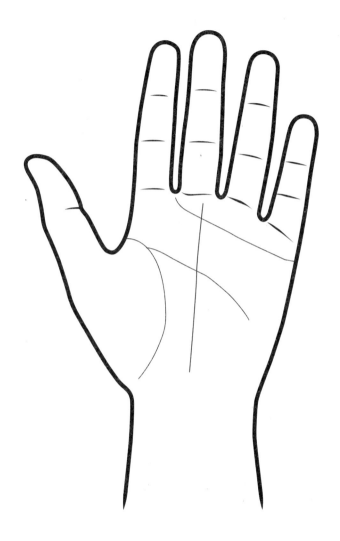

나 바쁜 사람이야

　기본적인 운명선이 있고 그 옆에 또 하나의 운명선이 달리고 있는 경우에는 두 가지 일을 동시에 추진하는 능력이 있다고 본다. 즉, 장사를 하면서 직장생활을 한다거나 레크리에이션 강사로 일하면서 교수로 재직하는 등 두 가지 운명을 함께 개척할 수 있다. 그리고 그만큼 바쁘다.

　간혹, 운명선이 세 개인 사람도 있는데 이런 경우에는 의미가 더욱 강하다. 기본적인 운명선을 토대로 부수적인 운명선이 생기는 시기와 끝나는 시기를 유년법으로 알아보면 겹쳐 있는 시기에 그만큼 바빠지고 활동적으로 환경이 바뀐다는 사실을 확인할 수 있다.

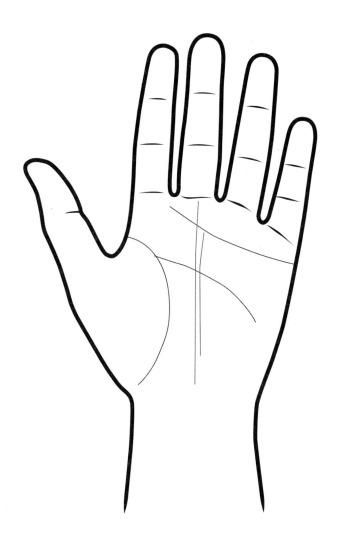

인기가 성공도 안겨주다니

운명선이 월구에서 출발하는 사람은 기본적으로 인기를 통해서 성공을 거두게 된다. 즉, 사람을 상대하는 직업을 통해서 성공하는 것이니까 영업, 장사 등이 어울리며 근본적으로는 이성과의 인연에 의해 성공으로 이어지는 경우가 많다. 따라서 연예계나 유흥업계에서 성공을 거둘 가능성도 높다. 인기가 좋으니까 당연히 이성운도 매우 좋다.

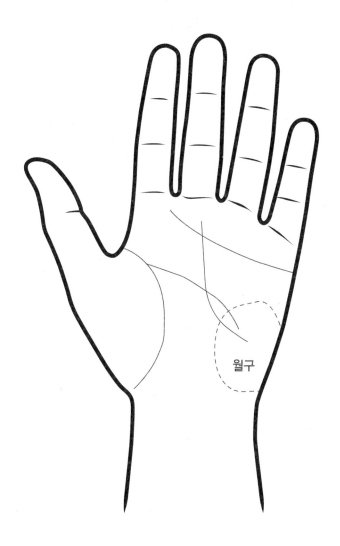

월구

내게 도움을 주는 사람은 동성이 아닌 이성

운명선이 생명선 안쪽 금성구 중앙 부분에서 거의 일직선으로 올라가 있는 사람은 이성의 원조를 통해서 운명이 호전되는 상으로 상대가 배우자나 애인인 경우도 있지만 사회적으로 만나는 이성이 해당하는 경우도 있다. 단, 애정이 이어지고 있는 상황에서는 도움을 받을 수 있지만 애정이 끊어지면 운명 역시 바뀌게 된다.

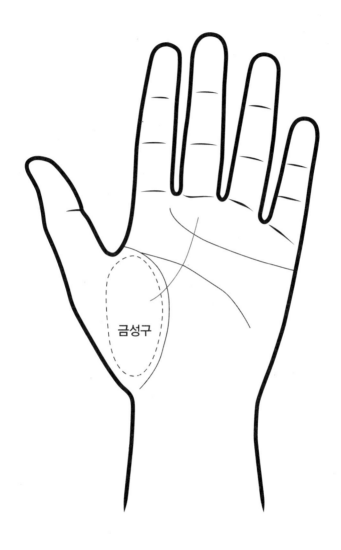

금성구

꾸준히 노력하는 결과는 반드시 나타나는 법

운명선이 감정선에서 시작하여 짧게 형성되어 있는데 다른 운명선이 없는 경우는 흔히 볼 수 있는 타입이 아니다. 이런 사람은 성실하고 자신에게 매우 엄격해서 한눈을 팔지 않고 묵묵히 자신이 맡은 일을 수행하는 타입으로 중년 이후에 그것이 결실을 거두어 주위로부터 인정을 받을 뿐 아니라 행복한 생활을 보낼 수 있다. 즉, 인생 자체가 즐거운 편이 아니라 중년 이후에 빛을 발하지만 본인 스스로 조용한 인생을 좋아한다.

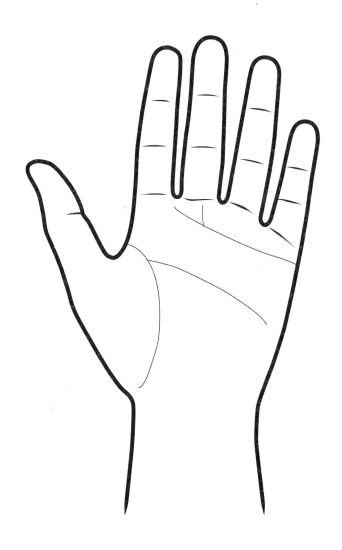

길을 비켜라, 내가 나간다

운명선이 손목 한가운데 근처에서 가운뎃손가락을 향하여 깊이 파인 형태로 뚜렷하게 뻗어 있는 사람은 의지력이 매우 강하여 어떤 상황에서도 운을 자기편으로 만드는 강인함이 있는 타입이다. 운명선이 굵고 선명할수록 운은 더욱 강해지는데 이런 수상을 가진 사람이 태양선까지 갖추어져 있다면 큰 성공을 거둘 수 있다. 단, 여성의 경우에는 남편의 기를 누르기 때문에 전업주부보다는 사회활동을 통해서 강한 기를 발산시키는 것이 좋다.

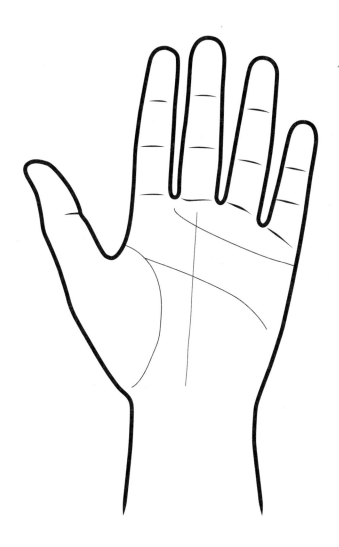

나는 신비주의자

운명선이 감정선과 두뇌선을 연결하는 가로선과 교차하면서 十자 형태를 이루고 있는 사람은 정신적인 문제에 마음을 쏟는 이른바 신비주의자다. 이런 상이 나타나 있는 사람은 종교, 미스터리 등에 관심이 많고 일반인과는 다른 사고방식과 관점으로 사물을 바라보는 경향이 있다. 이성에 대해서도 마찬가지기 때문에 독특한 사람이라는 평가를 받기 쉽다.

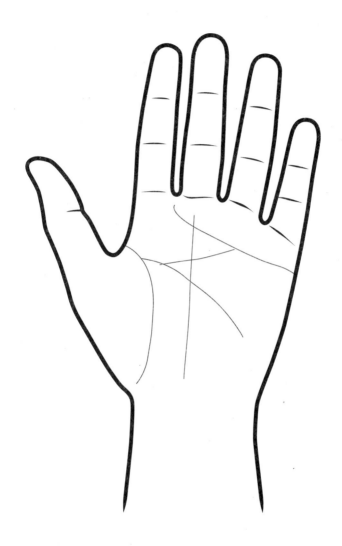

운명선이 없어도 운명은 있다

운명선이 없는 사람은 눈앞의 현실만 생각하고 사는 낙천적인 성격이며 모든 일을 자기 위주로 생각한다. 신경은 매우 날카롭고 섬세한 편이어서 사소한 문제에도 얽매여 신경쇠약 등의 현상이 나타나는 경우도 있는데 이것은 자신의 운명에 관한 청사진을 그리는 것보다 현실을 감수하는 것 자체가 벅차기 때문에 발생하는 현상이다. 가장 중요한 것은 꿈을 가지고 노력하는 자세다.

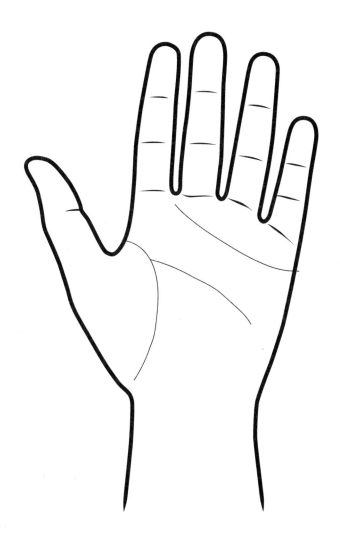

인생 나 정도는 돼야 살 맛 나지

운명선이 월구에서 출발하여 강하게 뻗어 있는데 금성구에서 나온 선이 운명선과 합류해 있는 사람은 가족이나 연인을 비롯한 주변 사람들로부터 귀한 대접과 사랑을 받으며 화려한 생활을 보낼 수 있다. 또, 이런 수상을 가진 사람은 금전운도 좋아서 증여나 상속 등에 의해 큰돈이 들어오거나 인기를 얻어 수입을 올릴 수 있다.

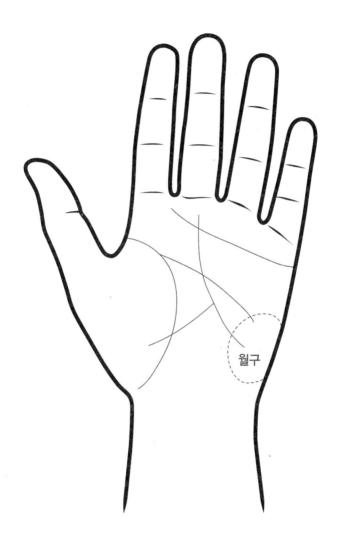

월구

뒤를 밀어주는 사람이 있어야 든든하지

월구에서 뻗어 나온 선이 운명선과 합류해 있는 사람은 합류하는 시점에 능력 있는 후원자를 만나 그 도움으로 운세가 호전되는 경향이 강하다. 즉, 자신보다 지위가 높고 재산도 많은 사람을 만나 도움을 받을 수 있다는 뜻이며 대부분의 경우 그런 후원자는 동성이 아닌 이성이다.

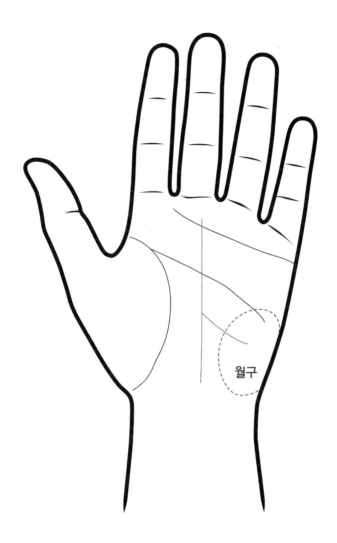

월구

사는 게 정말 힘들다

　운명선 위에 섬 무늬가 나타나 있으면 그 시기에 일이 정체되고 풀리지 않는다. 만약 섬 무늬가 감정선과 닿아 있으면(①) 금전적으로 위기상황에 몰리거나 사람에게 배신을 당할 가능성이 높고, 두뇌선과 닿아 있으면(②) 머리를 잘 못 써서 큰 손해를 볼 가능성이 높다고 판단한다. 또, 운명선의 기점에 섬 무늬가 있으면(③) 어린 시절에 불우한 환경에서 자랐다고 보며, 종점에 있으면(④) 무슨 일을 하건 마무리를 하는 시점에 원하는 만큼의 결과를 얻기 어려우며 말년에 큰 위기를 맞이하게 된다고 판단한다.

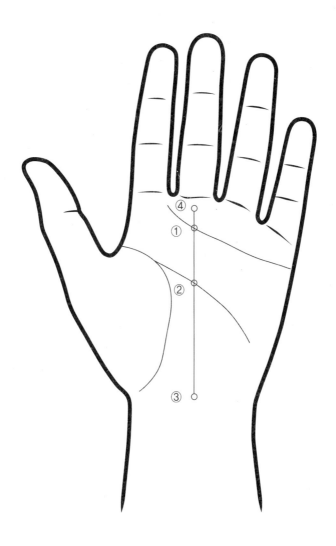

만나고 싶지 않은 고민거리들

운명선 위에 검은 점이나 *무늬가 있는 사람은 그 시기에 예상하지 못한 손해를 본다는 뜻이다. 점이나 *무늬에서 뻗어 나온 지선이 금성구에 있는 *무늬와 연결된 경우에는 가족이나 친척의 죽음, 믿었던 사람의 배신 등에 의해 깊은 고민에 빠지거나 금전적으로 큰 손실을 볼 가능성이 높다고 본다. 따라서 운명선에서 지선이 뻗어 나온 시기에는 주의해야 한다.

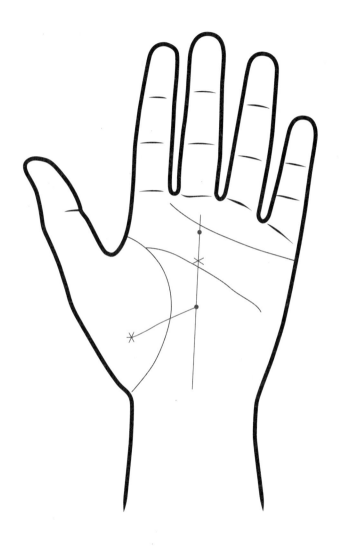

유산상속과 가업승계

운명선에서 뻗어 나온 지선이 금성구의 ＊무늬와 연결되어 있는 사람은 지선이 뻗어 나온 시기에 부모님의 유산을 물려받거나 가업을 계승하게 되어 생활이 매우 윤택해진다고 판단한다. 금성구의 ＊무늬 자체는 가족이나 친척의 건강악화를 의미하는데 여기에서 뻗어 나온 선이 운명선과 만나면 가족이나 친척이 가지고 있는 재산이나 명예가 본인에게 들어온다는 의미로 보기 때문이다.

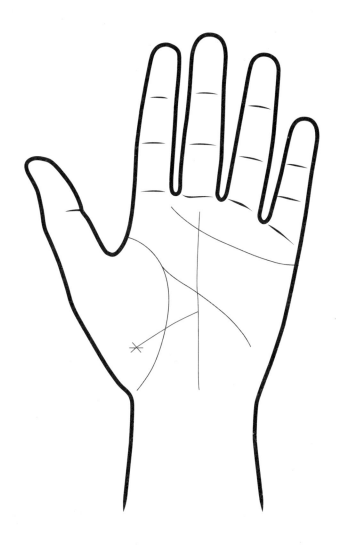

내 매력을 알면 놀랄 걸

　운명선이 금성구에서 출발하고 있는데 기점에 섬 무늬가 있는 사람은 자신보다 능력이 뛰어난 사람의 도움을 받아 경제적으로 풍요로운 생활을 보낼 가능성이 높다. 여기에서 상대는 이성인 경우가 많고 정상적인 부부보다는 애인인 경우가 많다. 이런 손금이 있는 사람은 남녀를 막론하고 성적인 매력이 매우 강하다.

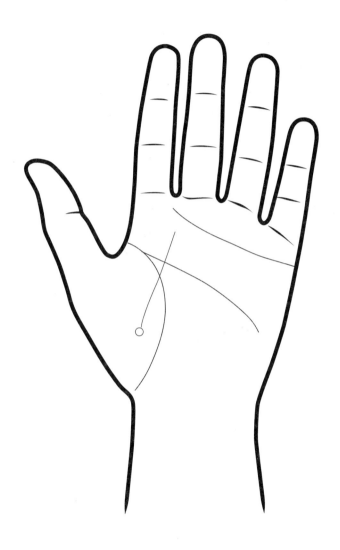

사랑에 속고 정에 울고

월구에서 뻗어 나온 선이 운명선을 가로지르고 있는 사람
은 사랑하는 사람에게 배신을 당할 가능성이 높다. 따라서 이
선이 가로지르는 시기에 만나는 이성은 본인의 짝이 아니라
고 생각해야 한다. 처음에는 뜨거운 사랑을 나누게 되지만 시
간이 흐르면서 그동안 몰랐던 단점을 알게 되거나 삼각관계
등이 발생하여 가슴 아픈 사랑으로 막을 내리게 된다.

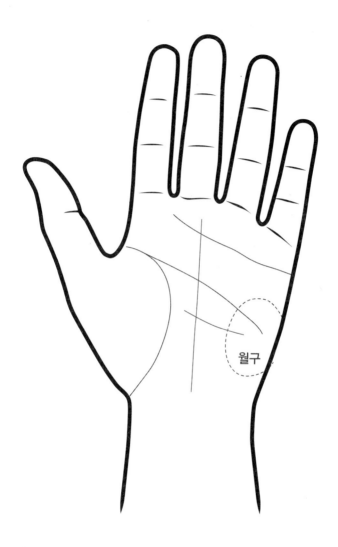

월구

몰래 하는 사랑이 아름답다

월구에서 뻗어 나온 지선이 운명선과 합류해 있으면 능력
있는 후원자를 만나게 된다는 의미지만 그 선에 섬 무늬가 있
으면 도움을 받을 수는 있지만 대부분 불륜 관계기 때문에 오
랫동안 지속할 수는 없다. 어쨌든 든든한 후원자의 도움을 받
을 수는 있기 때문에 좋고 나쁜 것은 본인이 판단해야 할 문
제다.

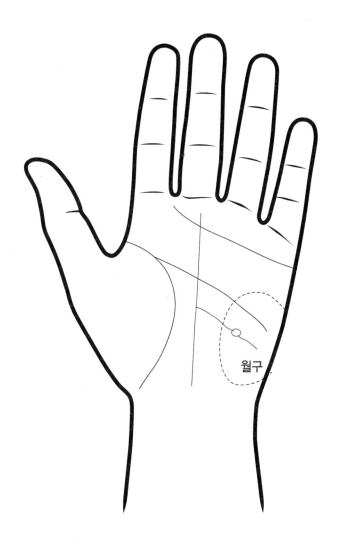

월구

태양선

태양신의 의미

태양선은 약손가락 뿌리 부분 아래에 수직으로 뻗어 있는 선으로 전혀 없는 사람에서부터 여러 개가 있는 사람까지 다양하며 성공, 명예, 금전운 등을 상징한다. 깊고 뚜렷하게 패인 태양선이 있는 사람은 인기, 재산, 명예 등을 움켜쥘 행운아다. 한편, 태양선은 변화하기 쉬운 선으로 현재의 환경에 따라 나타나기도 한다. 태양선이 나타날 때에는 커다란 기회가 오는 시기니까 반드시 기회를 잡도록 하자. 태양선으로는 기본적으로 다음과 같은 사항들을 살펴본다.

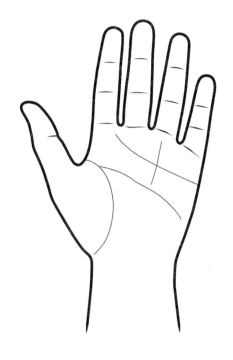

금전운을 본다

태양선의 유무, 뚜렷한 정도, 기세, 위치 등을 보아 금전운을 살피는 재료로 활용한다. 단, 금전운에 대한 기준은 사람에 따라 다르기 때문에 월 소득 300만 원으로 만족하는 사람도 있고 월 소득 1,000만 원으로도 불만을 가지는 사람이 있다. 태양선은 본인이 만족할 경우에 나타나는 것으로 결국 행복을 느끼는 지수라고 말할 수도 있으며 이것은 인생을 얼마나 긍정적으로 살아가는가를 살피는 재료도 된다. 즉, 만족을 알면 행복을 느끼게 되어 태양선이 뚜렷하게 나타나고 태양선에 의해 보다 더 많은 만족을 얻게 되는 것이다.

명예운, 성공운을 본다

태양선이 있는 사람은 이름을 알리거나, 성공을 거두어 부자가 되거나, 명예를 얻는 등 주변사람들에게 인정을 받으며 살수 있다. 따라서 태양선을 보고 명예운과 성공운을 판단한다.

성격을 본다

태양선이 있는 사람은 밝고 활기가 넘치며 자연스럽게 인기와 신용을 얻는다. 선천적으로 덕이 많고 모든 일에 성의가 있기 때문에 그런 태도가 사람들로부터 신용을 얻고 성공이나 명예, 금전운과 연결되는 것이다. 즉, 태양선은 밝고 긍정적인 성격을 가진 사람에게 나타난다.

태양선의 기점을 본다

태양선은 모양 자체도 다양하며 출발하는 지점(기점)에도 많은 차이가 있다. 따라서 기점을 대상으로 판단하는 기본적인 내용을 소개하기로 한다.

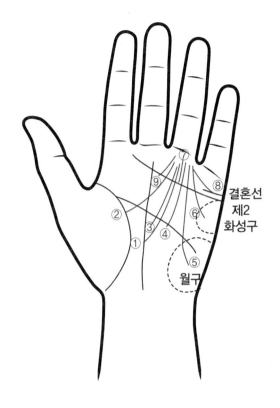

결혼선
제2
화성구

월구

① 운명선이 기점인 태양선

태양선이 운명선에서 출발하고 있는 사람은, 운명선의 유
년법에서 해당하는 시기에 운이 좋아지기 시작한다. 운명선
은 운명을 좌우할 정도의 변화를 나타내기 때문에 상당히 좋
은 변화를 겪게 된다.

② 생명선이 기점인 태양선

태양선이 생명선에서 출발하고 있는 사람은 꾸준한 노력과 열정이 결실을 맺어 사회적으로 명성을 얻으면서 행복을 거머쥐게 된다. 시기는 생명선 유년법을 참고한다.

③ 화성평원이 기점인 태양선

태양선이 화성평원에서 출발하고 있는 사람은 어린 시절부터 다양한 경험을 하면서 어려움을 이겨 내고 성공을 거두게 되는 타입이다. 이 경우에는 운명선의 유년법을 참고하여 시기를 판단한다.

④ 두뇌선이 기점인 태양선

태양선이 두뇌선에서 출발하고 있는 사람은 본인만의 아이디어, 창조력, 전공분야 등을 통하여 성공을 거머쥐게 된다. 시기는 두뇌선의 유년법을 활용한다.

⑤ 월구가 기점인 태양선

태양선이 월구에서 출발하고 있는 사람은 월구가 갖추고 있는 예술적인 센스와 인기를 바탕으로 주변 사람들의 원조를 받아 성공을 거머쥐게 된다. 시기는 대부분 30세 전이다.

⑥ 제2화성구가 기점인 태양선

태양선이 제2화성구에서 출발하고 있는 사람은 꾸준한 노력을 통하여 성공을 거머쥐게 된다. 기술이나 기능을 통하여 성공을 거두는 사람들은 대부분 제2화성구에서 태양선이 출발하고 있다.

⑦ 태양구 아래가 기점인 태양선

태양선이 태양구 아래, 감정선 위에서 출발하고 있는 사람은 젊은 시절의 꾸준한 노력이 말년에 이르러 빛을 보이는 타입으로 기본적으로 말년운이 좋다고 판단한다.

⑧ 결혼선이 기점인 태양선

태양선이 결혼선에서 출발하고 있는 사람은 귀한 배우자를 만나 운명이 바뀌는 타입으로 한마디로 결혼운이 좋다.

⑨ 감정선이 기점인 태양선

태양선이 감정선에서 출발하고 있는 사람은 독자적인 기술, 봉사 등을 통하여 성공을 거머쥐게 되는 타입으로 이성운이 좋고 봉사활동 등에 의해 성공과 명예를 얻게 된다.

열두 가지 재주가 있는 사람이 끼니를 걱정한다

　　태양구 아래에 짧은 태양선이 몇 가닥 나타나 있는 사람은 다방면에 재주가 있고 다양한 사람들을 다룰 줄 아는 능력이 있기 때문에 주변에 사람이 끊이지 않고 인기도 좋다. 하지만 한 가지 일에 집중하는 능력이 부족하기 때문에 다재다능한 반면에 독창적인 능력이 부족하다. 따라서 다양한 사람을 많이 상대하는 직업, 장사나 철학, 종교 등에 종사하면 성공할 가능성이 높지만 한 가지 분야에서는 대성하기 어렵다.

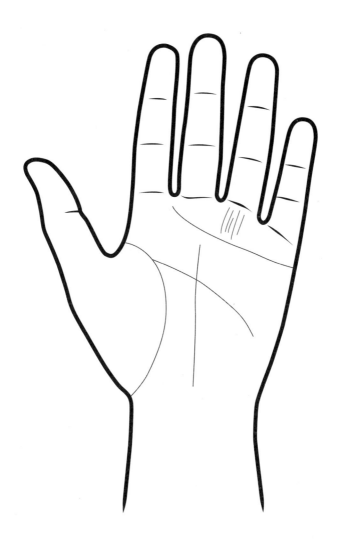

연예인이라면 태양선이 이 정도는 돼야

태양선이 월구에서 출발하여 일직선으로 태양구까지 뻗어 있는 사람은 인기가 좋고 사회적으로 인정을 받아 화려한 활동을 할 수 있는 타입으로 연예인인 경우에는 대성할 수 있다. 만약 직장인이라면 든든한 후원자를 얻어 고속승진을 할 수 있고 사업은 인기와 관련된 것이 어울린다. 여성은 남편운이 매우 좋다.

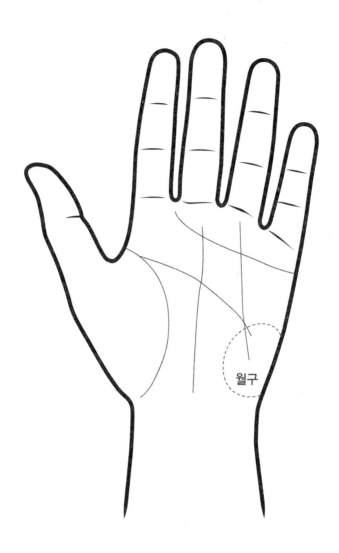

월구

사랑을 나누면 운은 두 배로

태양선이 감정선에서 출발하고 있는 사람은 독자적인 재능이 인정을 받아 성공을 거둘 수 있으며 화려하지는 않지만 주변 사람들로부터 좋은 평가를 받을 수 있다. 시기는 감정선 유년법을 참고하며 길이는 관계없이 태양선을 가로지르는 가로선이 없을수록 좋다고 판단한다. 한편, 봉사활동 등을 통하여 다른 사람을 돕는 일을 하면 운세는 더욱 좋아진다.

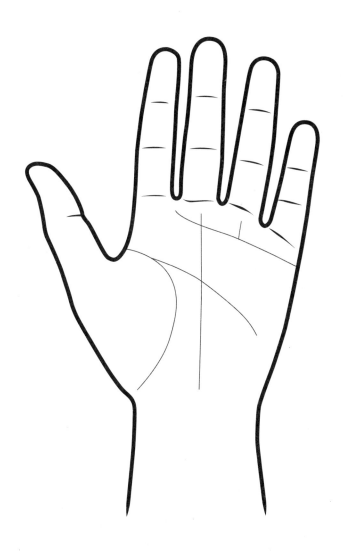

역시 성공의 바탕에는 노력이

태양선이 제2화성구에서 태양구를 향하여 커브를 그리며 올라가 있는 사람은 기술이나 기능 등 꾸준한 노력을 통하여 갖춘 실력을 인정받아 성공을 거머쥐게 된다. 이런 사람은 참을성이 있고 끈기가 강하며 확실한 신념을 가지고 자신의 목표를 향해 꾸준히 노력하는 타입으로 시간이 흐를수록 재산이 증가한다. 여성이 이런 손금을 가지고 있으면 사회에서 두각을 나타낼 수 있다.

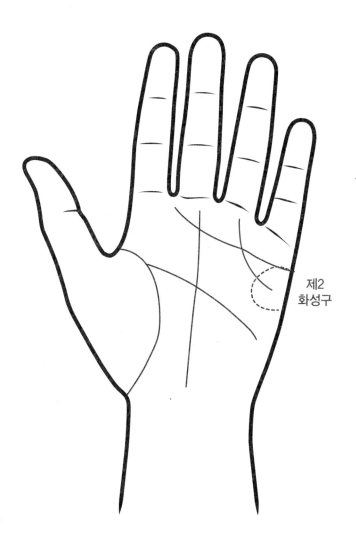

제2
화성구

기복이 너무 심해

약손가락 아래에 여러 개의 태양선이 나타나 있기는 하지만 그것들이 끊어져 있거나 구부러져 있는 사람은 운세의 기복이 심해서 생활이 일정하지 않다. 따라서 직장 변동, 사업 변화, 주거 이전 등의 변화가 많고 금전운 등의 운세도 좋고 나쁨이 되풀이되어 정신적으로 피곤한 인생을 보내게 된다. 가능하면 투자는 하지 않는 것이 좋고 재주를 한두 가지로 압축해서 꾸준히 노력하는 태도가 바람직하다.

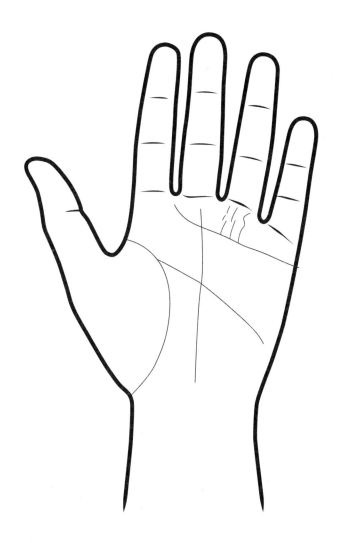

이렇게 강한 운을 꺾을 수는 없다

태양선이 운명선에서 출발하여 일직선으로 힘차게 뻗어 있는 사람은 운명선의 유년법을 적용하여 해당하는 시기에 운명이 바뀔 정도로 강한 운이 들어오게 될 타입으로 큰 성공을 거둘 수 있다. 단, 태양선이 끊어져 있거나 구부러져 있는 경우에는 성공의 크기가 작아지는 것은 물론이고 장애도 자주 발생한다. 어쨌든 기본적으로는 매우 좋은 상이다.

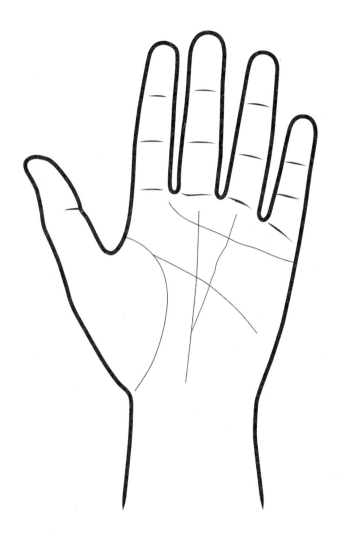

결혼선

결혼선의 의미

결혼선은 새끼손가락 뿌리 부분과 감정선이 시작하는 부분 사이에 가로로 뻗어 있는 짧은 선으로 결혼운과 관련된 사항들을 살펴보는 재료다. 즉, 결혼하게 될 시기, 결혼에 대한 관심, 이혼 등을 알아볼 수 있는 재료로 뚜렷한 선 한 개가 약간 위쪽을 향하여 뻗어 있는 것이 이상적이다. 이런 결혼선을 가지고 있는 사람은 이상적인 배우자를 만나 행복한 결혼을 이룰 수 있다. 반대로 결혼선이 두 개 이상이거나 뚜렷하지 않고 희미하거나 끊겨 있거나 꼬여 있으면 결혼운이 나쁘다고 본다.

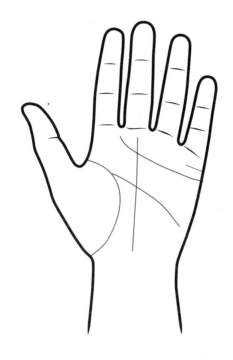

이 역시 현재 환경에 따라 변화가 심한 선이다.

또, 위치에 따라 결혼하는 시기를 알 수 있는데 감정선에서 새끼손가락 뿌리 부분 사이의 중간 지점을 30세 정도로 보았을 때 감정선에 더 가까울수록 일찍 결혼하게 되고 새끼손가락 쪽에 가까울수록 늦게 결혼하게 된다고 판단한다.

결혼선은 기본적으로 결혼운을 보는 선이며 나아가 이혼, 이혼 후의 생활이나 상황, 재혼 등을 알아본다.

가장 무난한 결혼생활

결혼선 한 개가 뚜렷하게 일직선으로 뻗어 있는 사람은 기본적으로 행복한 결혼을 할 수 있는 타입이다. 양손 모두 이런 결혼선이 나타나 있다면 더 할 나위 없다. 만약 한쪽 손에만 나타나 있다면 양손의 의미를 모두 해석한다.

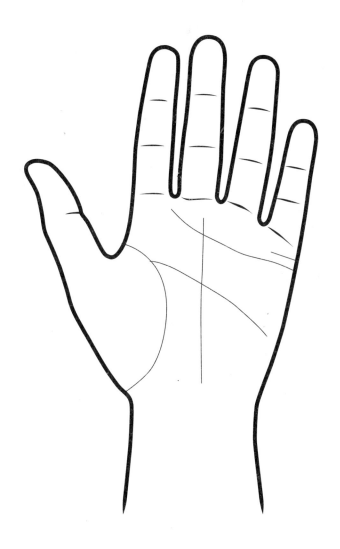

같이 있고 싶지만

결혼선의 끝 부분이 두 갈래로 갈라져 있는 사람은 배우자와 별거생활을 하게 될 가능성이 높다. 반드시 나쁜 이유에서가 아니라 주말 부부나, 기러기 부부 등 사정에 의해 함께 생활하지 못하는 경우도 있다. 그 원인은 다른 선들을 바탕으로 해석한다.

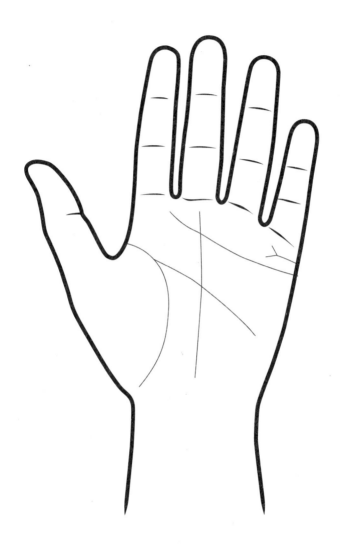

이상적인 결혼은 이런 것

결혼선 끝 부분이 위쪽을 향하고 있는 사람은 이상적인 배우자를 만나 행복한 결혼을 할 수 있다. 결혼선 끝 부분의 위치는 올라갈수록 좋고 내려갈수록 나쁘다. 또, 올라가면 본인보다 나은 배우자를, 내려가면 본인보다 못한 배우자를 만난다고 판단한다. 거기에 다양한 변수들(무늬나 장애선 등)이 작용하여 의미가 세분화되기는 하지만 이런 식으로 깨끗한 결혼선 한 가닥이 위쪽을 향하여 뻗어 있으면 본인보다 나은 배우자를 만나 행복한 결혼생활을 보낸다고 해석하는 것이다.

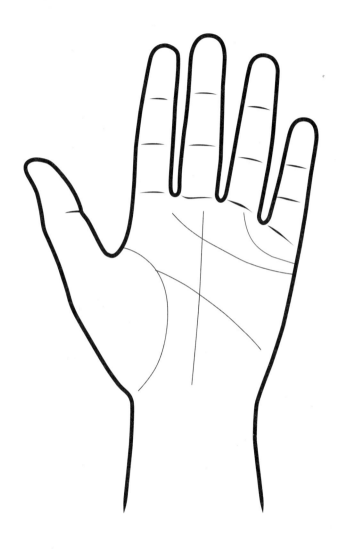

자유로운 연애가 최고

　결혼선은 일반적으로 새끼손가락의 폭 정도의 길이가 표준인데 짧은 결혼선 여러 개가 불규칙적으로 뻗어 있는 사람은 결혼보다는 연애에 관심이 더 많아 주변에 늘 이성 친구들이 들끓는다.

　이런 사람은 이성과의 만남이나 교류가 많기 때문에 연애 사건이 발생할 가능성이 높고 설사 연애까지 발전하지 않는다고 해도 이성에게 매우 친절하여 오해를 사는 경우도 많다. 여성인 경우에는 유흥업계에 종사하면 인기를 얻을 수 있다. 만약 짧은 선들 중에 유난히 긴 선이 하나 나타나 있다면 그런 복잡한 연애 끝에 결혼에 성공할 수 있다는 의미다.

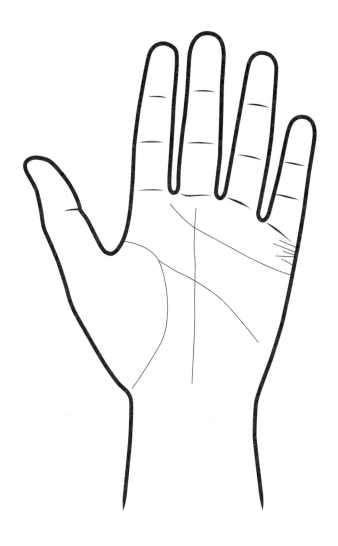

아무리 노력해도 웃을 수가 없어

　결혼선의 끝 부분이 약손가락 아래에서 밑으로 구부러져 있는 사람은 부부운이 나쁘고 배우자의 결점 때문에 운이 약해지는 타입으로 시간이 흐를수록 상대방에 대한 불만이 쌓인다.

　또, 끝 부분이 아래를 향하고 있다는 것은 본인보다 못한 배우자를 만나게 된다는 의미기도 하다. 하지만 이혼을 할 상은 아니기 때문에 불평불만을 끌어안고 살아가게 된다. 따라서 상대방의 결점보다 장점을 더 찾아내고 보듬어줄 수 있도록 노력하면 오히려 대접받는 결혼생활을 할 수 있을 것이다.

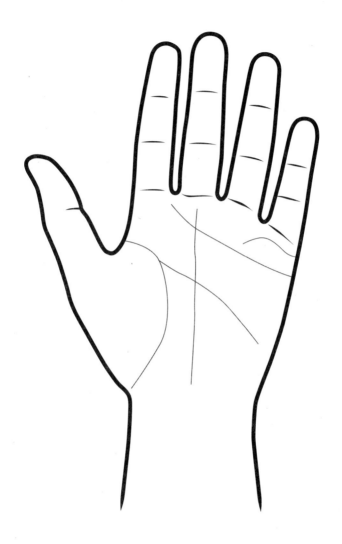

결혼은 정말 쉽지 않아

결혼선의 끝 부분이 갑자기 아래쪽으로 구부러지면서 감정선에 닿아 있는 사람은 결혼운이 약해서 쉽게 결혼하기 어렵다. 순간적인 감정으로 결혼을 생각하는 경향이 강하기 때문이다. 즉, 결혼을 한다고 해도 자신의 감정을 중시하여 행동하기 때문에 결혼생활이 행복해질 수 없다. 따라서 배우자를 볼 때에는 감정만 앞세우지 말고 본인의 문제부터 생각하는 태도를 갖추어야 한다.

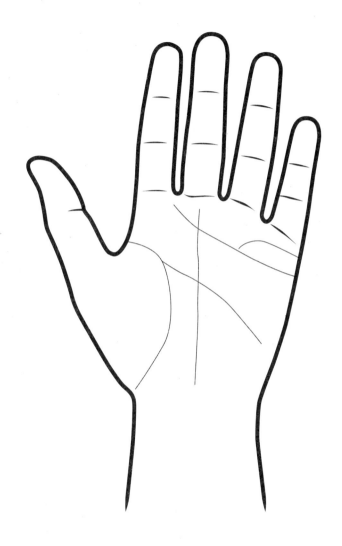

아직은 결혼할 시기가 아닌 듯

　결혼선 끝에 짧은 세로선이 나타나 가로막고 있는 것처럼 보이는 사람은 결혼을 앞두고 장애가 발생하여 결국 결혼까지는 이어지지 않는다고 판단한다. 예를 들면, 부모님의 반대나 주변 사람들의 방해에 의해 사랑하는 사람과 이별해야 하는 아픔을 겪게 된다. 단, 결혼선이 뚜렷하고 깊이 패어 있고 장애선이 가늘고 힘이 없는 경우에는 간신히 결혼에 성공할 수도 있다.

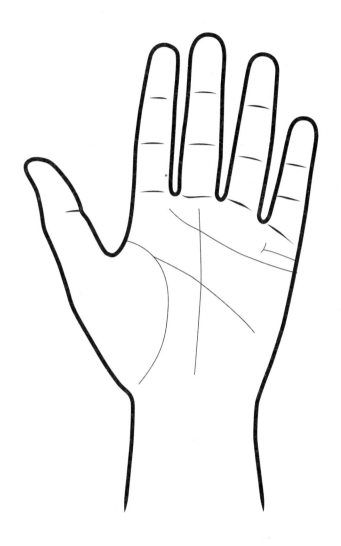

왜 이렇게 복잡한 거야

결혼선이 있어야 할 위치에 가로선과 세로선이 교차하여 어지럽게 형성되어 있는 사람은 아직 운명적인 상대를 만나지 못하고 있다는 의미다. 연애 상대는 많이 있지만 막상 결혼을 하려 하면 묘하게 성사가 되지 않아 틀어지는 일이 반복되는 것이다. 이런 사람에게 운명적인 상대가 나타나면 어지러운 선들이 사라지고 뚜렷한 결혼선이 나타나게 된다.

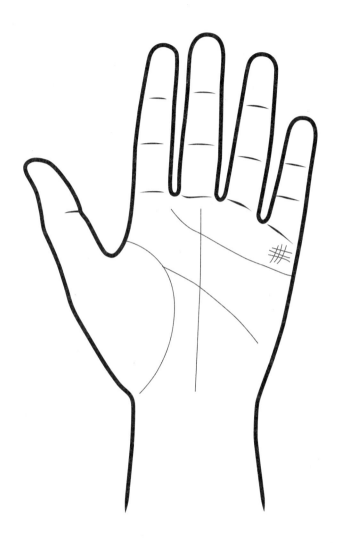

사랑 따위는 정말 귀찮아

결혼선의 끝 부분에 위아래로 짧은 지선들이 뻗은 경우에는 사랑에 지치고 피곤해서 만사가 귀찮다는 뜻으로 권태기에 놓여 있다는 뜻이다. 아무리 사랑해서 결혼을 한 사이라고 해도 이런 손금이 나타나면 상대방에게 질리거나 지쳤다는 뜻이다. 이럴 때에는 부부가 함께할 수 있는 새로운 오락거리를 찾는 것이 분위기 전환에 도움이 된다.

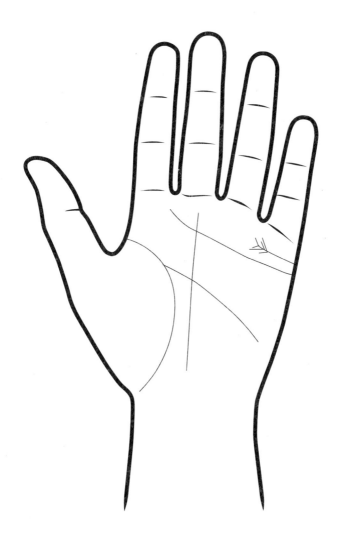

결혼 따위는 하지 말았어야 해

결혼선이 두 개인데 서로 교차하여 ×자 모양을 이루고 있는 사람은 결혼을 하게 되면 불행하게 보낼 가능성이 높다. 남성인 경우, 아내의 언행이 마음에 들지 않아 늘 불평불만을 일삼게 되고, 여성인 경우에는 이혼이나 사별 등 가슴 아픈 이별을 경험하게 될 가능성이 높다.

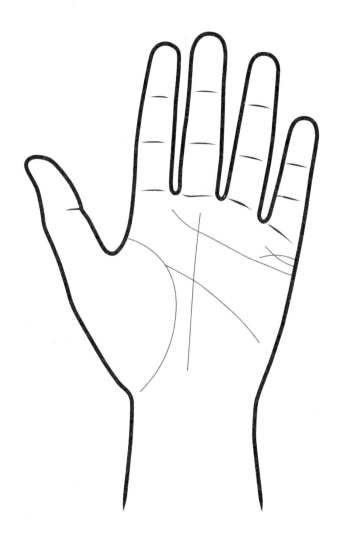

문제없이 잘 살고 싶은데

결혼선의 중간에 세로선이 한두 개 나타나 가로막고 있는 사람은 결혼운에 장애가 있는 타입으로 원하는 상대가 아닌데 우연히 결혼하게 되거나 결혼을 한 이후에 상대방의 결점을 알게 되어 실망하는 식으로 결혼 이후에 뜻밖의 문제가 발생해서 행복한 생활을 유지하기 어렵다. 따라서 장애선의 길이나 뚜렷함 정도에 의해 이혼까지 가는 경우도 많다.

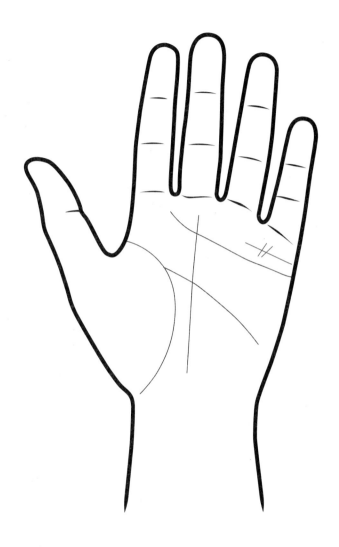

이혼을 해야 할까, 말아야 할까

　결혼선에서 뻗어 나온 지선이 생명선 안쪽 금성구까지 이르러 있고 중간에 섬 무늬가 있는 사람은 삼각관계 등의 예상하지 못한 사건이 발생하여 결혼생활이 파탄에 이를 가능성이 높은 타입이다. 가능하면 본인이 먼저 상대방을 이해하고 감싸 주는 태도를 갖추는 것이 좋으며 그래도 개선되지 않을 경우에는 차라리 이혼을 하고 새로운 결혼생활을 준비하는 것이 바람직하다. 설사 지선의 중간에 섬 무늬가 없다고 해도 이혼을 생각하게 될 가능성은 충분히 있다.

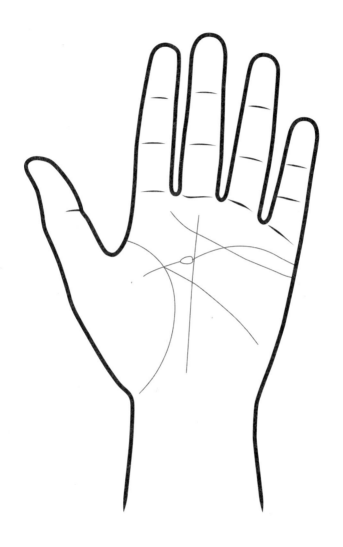

수상(手相) 손금으로 살펴보는 인생론

펴낸날	초판 1쇄 2014년 9월 25일

지은이	**이태룡**
펴낸이	**심만수**
펴낸곳	**(주)살림출판사**
출판등록	1989년 11월 1일 제9-210호

주소	경기도 파주시 광인사길 30
전화	031-955-1350 팩스 031-624-1356
기획·편집	031-955-4671
홈페이지	http://www.sallimbooks.com
이메일	book@sallimbooks.com

ISBN	978-89-522-2942-7 04080

※ 값은 뒤표지에 있습니다.
※ 잘못 만들어진 책은 구입하신 서점에서 바꾸어 드립니다.

이 도서의 국립중앙도서관 출판시도서목록(CIP)은 서지정보유통지원시스템 홈페이지
(http://seoji.nl.go.kr)와 국가자료공동목록시스템(http://www.nl.go.kr/kolisnet)에서
이용하실 수 있습니다.(CIP제어번호: CIP2014027188)

책임편집	**박종훈**

026 미셸 푸코

eBook

양운덕(고려대 철학연구소 연구교수)

더 이상 우리에게 낯설지 않지만, 그렇다고 손쉽게 다가가기엔 부담스러운 푸코라는 철학자를 '권력'이라는 열쇠를 가지고 우리에게 열어 보여 주는 책. 권력은 어떻게 작용하는가에서 논의를 시작하여 관계망 속에서의 권력과 창조적·생산적·긍정적인 힘으로서의 권력을 이야기해 준다.

027 포스트모더니즘에 대한 성찰

eBook

신승환(가톨릭대 철학과 교수)

포스트모더니즘의 역사와 논의를 차분히 성찰하고, 더 나아가 서구의 근대를 수용하고 변용시킨 우리의 탈근대가 어떠한 맥락에서 이해되는지를 밝힌 책. 저자는 오늘날 포스트모더니즘으로 대변되는 탈근대적 문화와 철학운동은 보편주의와 중심주의, 전체주의와 이성 중심주의에 대한 거부이며, 지금은 이 유행성의 뿌리를 성찰해 볼 때라고 주장한다.

202 프로이트와 종교

eBook

권수영(연세대 기독상담센터 소장)

프로이트는 20세기를 대표할 만한 사상가이지만, 여전히 적지 않은 논란과 의심의 눈초리를 받고 있다. 게다가 신에 대한 믿음을 빼앗아버렸다며 종교인들은 프로이트를 용서하지 않을 기세이다. 기독교 신학자인 저자는 이 책을 통해 종교인들에게 프로이트가 여전히 유효하며, 그를 통하여 신앙이 더 건강해질 수 있다는 점을 보여 주려 한다.

427 시대의 지성 노암 촘스키

eBook

임기대(배재대 연구교수)

저자는 노암 촘스키를 평가함에 있어 언어학자와 진보 지식인 중 어느 한 쪽의 면모만을 따로 떼어 이야기하는 것은 불합리하다고 말한다. 이 책에서는 촘스키의 가장 핵심적인 언어이론과 그의 정치비평 중 주목할 만한 대목들이 함께 논의된다. 저자는 촘스키 이론과 사상의 본질에 다가가기 위한 이러한 시도가 나아가 서구 사상을 받아들이는 우리의 자세와도 연결된다고 믿고 있다.

024 이 땅에서 우리말로 철학하기

이기상(한국외대 철학과 교수)

우리말을 가지고 우리의 사유를 펼치고 있는 이기상 교수의 새로운 사유 제안서. 일상과 학문, 실천과 이론이 분리되어 있는 '궁핍의 시대'에 사는 우리에게 생활세계를 서양학문의 식민지화로부터 해방시키고, 서양이론의 중독으로부터 벗어나야 한다고 역설한다. 저자는 인간 중심에서 생명 중심으로의 변화와 관계론적인 세계관을 담고 있는 '사이 존재'를 제안한다.

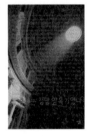

025 중세는 정말 암흑기였나　eBook

이경재(백석대 기독교철학과 교수)

중세에 대한 친절한 입문서. 신과 인간에 대한 중세인의 의식을 다루고 있는 이 책은 어떻게 중세가 암흑시대라는 일반적인 인식을 가지게 되었는지에 대한 물음을 추적한다. 중세는 비합리적인 세계인가, 중세인의 신앙과 이성은 어떠한 관계를 갖고 있는가 등에 대한 논의를 하고 있다.

065 중국적 사유의 원형　eBook

박정근(한국외대 철학과 교수)

중국 사상의 두 뿌리인 『주역』과 『중용』을 철학적 관점에서 접근한다. '산다는 것은 무엇인가?'라는 근원적 질문으로부터 자생한 큰 흐름이 유가와 도가인데, 이 두 사유의 흐름을 거슬러 올라가다 보면 그 둘이 하나로 합쳐지는 원류를 만나게 된다. 저자는 『주역』과 『중용』에 담겨 있는 지혜야말로 중국인의 사유세계를 지배하는 원류라고 말한다.

076 피에르 부르디외와 한국사회　eBook

홍성민(동아대 정치외교학과 교수)

부르디외의 삶과 저작들을 통해 그의 사상을 쉽게 소개해 주고 이를 통해 한국사회의 변화를 호소하는 책. 저자는 부르디외가 인간의 행동이 엄격한 합리성과 계산을 근거로 행해지기보다는 일정한 기억과 습관, 그리고 사회적 전통에 영향을 받는다는 사실로부터 시작한다는 점을 강조한다.

096 철학으로 보는 문화
eBook

신응철(숭실대 인문과학연구소 연구교수)

문화와 문화철학 연구에 관심 있는 사람을 위한 길라잡이로 구상된 책. 비교적 최근에 분과학문으로 등장하기 시작한 문화철학의 논의에 반드시 들어가야 할 요소를 선택하여 제시하고, 그 핵심 내용을 제공한다. 칸트, 카시러, 반 퍼슨, 에드워드 홀, 에드워드 사이드, 새무얼 헌팅턴, 수전 손택 등의 철학자들의 문화론이 소개된다.

097 장 폴 사르트르
eBook

변광배(프랑스인문학연구모임 '시지프' 대표)

'타자'는 현대 사상에 있어 가장 중요한 개념 중 하나이다. 근대가 '자아'에 주목했다면 현대, 즉 탈근대는 '자아'의 소멸 혹은 자아의 허구성을 발견함으로써 오히려 '타자'에 관심을 갖게 되었다. 그리고 타자이론의 중심에는 사르트르가 있다. 사르트르의 시선과 타자론을 중점적으로 소개한 책.

135 주역과 운명
eBook

심의용(숭실대 강사)

주역에 대한 해설을 통해 사람들의 우환과 근심, 삶과 운명에 대한 우리의 자세를 말해 주는 책. 저자는 난해한 철학적 분석이나 독해의 문제로 우리를 데리고 가는 것이 아니라 공자, 백이, 안연, 자로, 한신 등 중국의 여러 사상가들의 사례를 통해 우리네 삶을 반추하는 방식을 취한다.

450 희망이 된 인문학
eBook

김호연(한양대 기초·융합교육원 교수)

삶 속에서 배우는 앎이야말로 인간의 운명을 바꿀 수 있는 기회를 준다. 그래서 삶이 곧 앎이고, 앎이 곧 삶이 되는 공부를 하는 것이 무엇보다 중요하다. 저자는 인문학이야말로 앎과 삶이 결합된 공부를 도울 수 있고, 모든 이들이 이 공부를 할 수 있어야 한다고 믿는다. 특히 '관계와 소통'에 초점을 맞춘 인문학의 실용적 가치, '인문학교'를 통한 실제 실천사례가 눈길을 끈다.

`eBook` 표시가 되어있는 도서는 전자책으로 구매가 가능합니다.

(주)살림출판사

www.sallimbooks.com

주소 경기도 파주시 문발동 522-1 | 전화 031-955-1350 | 팩스 031-955-1355